U0554673

学校的转向

汪正贵

——

著

REDIRECTING
SCHOOLS

中国人民大学出版社
·北京·

目 录

第一辑　学校的转向

校长是师生的首席服务官　/ 003

从制度思维走向机制思维　/ 007

双刃剑与手术刀　/ 011

从自由、自律走向自主　/ 014

将个别化进行到底　/ 019

从教走向学　/ 022

我们在谈课程时，到底在谈什么　/ 026

每个学习者都是一个中心　/ 030

中小学校多大规模最好　/ 034

以差异取代差距　/ 037

第二辑　教育之弱

教育之弱　/ 043

君子如射　/ 045

一个馒头的诱惑　/ 047

师忆　/ 051

教师职业的三重悖论　/ 059

给学生一个回忆和怀念学校的理由　/ 065

创造让人怦然心动的教育瞬间　/ 070

教育的内卷化及其他　/ 079

第三辑　唯有文化生生不息

唯有文化生生不息　/ 089

我们深信　/ 100

莫让价值观成为翻领上的别针　/ 105

校长应警惕自己成为组织的天花板　/ 112

如何宣介你的学校　/ 116

学校组织结构如何为基层赋能　/ 121

学校制度是制动器，更是发动机　/ 124

制度中的"度"　/ 128

第四辑　把打碎的镜子重新拼接起来

为学习而设计　/ 135

把打碎的镜子重新拼接起来　/ 139

"双减"后，课堂教学如何转向　/ 147

以教学评价促进教学方式的转变　/ 150

无体育，不教育　/ 154

为什么要重视艺术教育　/ 157

重视技术课程的教育价值　/ 162

第五辑　以确定的品格应对不确定的未来

人生如逆旅　/ 171

那些没有人告诉过你的事　/ 176

河流高不过它的源头　/ 180

以确定的品格应对不确定的未来　/ 186

时间是什么　/ 190

半生唯爱是读书　/ 195

遇见经典　/ 203

如何提炼你的教育思想　/ 216

后　记　/ 223

| 第一辑 |

学校的转向

校长是师生的首席服务官[1]

> 现代学校转型，首先应该建立现代学校治理结构，从管理走向治理，从领导走向服务，从权力思维转向权利思维。

在学校里，谁的权力最大？答案很显然是校长。如果换一个问题：在学校里，谁的权利最大？答案毫无疑问是学生。权力与权利只有一字之差，但本质迥异。

在学校管理中，人们常常用权力思维而不是权利思维来思考和处理问题。

权力思维的底层逻辑是将学校看作行政性组织。在这个行政性组织中，从上到下依次是校长、副校长、中层干部、行政人员、教师、学生，校长处于权力链条的顶端，学生居于末端。校长管理干部，干部管理行政人员，行政人员管理教师，教师管控学生。所以，权力思维是基于行政本位的管理思维。

如果我们以权利思维来观照学校管理，我们会发现，在权利链条上，从上到下依次是学生、教师、行政人员、中层干部、副校长、校长。学生居于权利链条的顶端，校长居于末端，他们所在的位置正好与在权力

---

[1] 本文发表于《中国教师报》2021年3月3日第12版，收入本书时有修改。——编者注

链条上的相反。所以，权利思维是基于师生本位的服务思维。教师为学生服务，行政人员为教师服务，校长为全校师生服务。

要实现学校转型，学校管理者应该从权力思维转变为权利思维。学校因学生而存在，教师因学生而相聚。学生成长是学校存在的唯一目的。在《青岛中学办学大纲》中，我们明确提出："青岛中学视学生成长为第一利益。我们组织所有可能的资源为学生成长服务。"所以，我们将青岛中学的核心价值观确定为"把学生放在心上"。

我们还提出："学校的成就、教师的业绩唯以学生的成长进步证明，舍此无他。当学校利益、教师利益、家长利益与学生成长的利益发生冲突时，我们必须毫不犹疑地选择优先保护学生成长的利益。"这里所说的学生成长的利益指的是学生的权利。

学生在学校里有学习的权利、自治的权利、选择的权利，甚至有犯错的权利。总而言之，在学校里，学生有成长的权利。当然，权利是与义务和责任相对应的，学生在享有权利的同时，也必须履行相应的责任和义务。

《青岛中学学生手册》中专门有一章描述学生享有的基本权利：

在青岛中学，我们身心舒展，思想自由，行为规范，人格独立，自由呼吸……在这里，我们拥有公平支配时间、空间、资源的权利。我们可以和老师一起使用电梯、教育资源，可以选择分层分类的课程、心仪的导师、自习的地点，甚至还可以选择自己的作息时间……

《青岛中学学生手册》还规定，学生的自主时间不可侵犯，每天下午16:20—17:30为学生自主安排的时间，主要用于学生的体育活动、社团活动，及学生与咨询师、导师、任课教师的交流等，任何人不得占用。

学生是学校的主体，学生对学校的教育教学和管理拥有评价的权利。青岛中学每年组织两次学校诊断，师生对学校的组织领导、教育教学、课程与资源、师生关系等八大方面进行诊断和评价，以帮助学校的自我改进和发展。

在一次"校长有约"活动中，一个学生问我，青岛中学有多少个房间，我没有回答上来。事后我问询了当初参与学校建设的老师，他告诉我，学校的建筑面积是 20 万平方米，总共有 1395 个房间。这 1395 个房间全部是供学生学习使用的，没有教师办公室，所有教师都是在教室里办公，和学生在一起。学校没有所谓的行政楼，行政人员深入一线，在各个年级为师生服务。

这不禁让我想起一件往事。2015 年，李希贵校长主持青岛中学的校园空间设计，校园内每个空间的功能设置都是李校长和设计师一起逐一商定的，前后修订了好几版，但是几乎每一版的空间功能设置，都没有安排校长办公室。最后，李校长在偏僻的一楼会议室附近安排了一间校长办公室，也就是我今天办公的地方。

在学校里，看起来权力最大的人是校长。其实，校长拥有的是组织和调配资源的权力。校长应当使用好这个权力，组织所有的资源，为师生的权利服务。

青岛中学是北京十一学校的盟校之一。在学校治理方面，北京十一学校对盟校有着严格的规定。青岛中学采用多元主体的分权治理模式，将理事会、党组织、教代会、学术委员会、学生会、家委会引入治理结构，将学校的权力进行分布式重构，对校长的行政权力进行制衡和分权。在财务管理方面，校长只有预算审批权，没有具体的财务审批权；在人事管理方面，学校实行双向聘任，校长只有聘任中层以上干部的权限，没有干预教师双向聘任的权力；在教师招聘方面，校长有最后否决的权力，没有指定录用的权力；在招生方面，录取学生由招生委员会决定，校长没有录取学生的权力，只有批准学生进行课程体验的权力。每学年校长都要进行述职，接受教代会代表的现场信任投票，投票数将决定校长的去留。

青岛中学采用扁平化的组织结构。学校构建以师生为中心的运行机制，行政部门服务于教师，教师服务于学生成长。学校实行行政专业化管理，将时间还给教师，将教师还给学生。校长是首席服务官，带领行政团队为师生服务。

现代学校转型，首先应该建立现代学校治理结构，从管理走向治理，从领导走向服务，从权力思维转向权利思维。当校长的权力真正为师生的权利服务时，也许我们就可能做到以师生为本，服务于教师发展和学生成长，让权力、时间和资源流向一线。正如约翰·C.马克斯维尔（John C. Maxwell）在《中层领导力：西点军校和哈佛大学共同讲授的领导力教程》一书中所说，衡量领导者的真正尺度，不在于有多少人为他服务，而在于他能为多少人服务。

从制度思维走向机制思维[①]

> 机制是一种有智慧的制度设计,它让行为主体处在一种积极、互动的高关联状态。从制度思维走向机制思维,可以让学校管理充满实践智慧和教育的温度。

在学校管理中,人们往往过度依赖制度。但是制度是否合理,能否落地,是否有效,则不得而知,也无多少人真正关心。也许制度只是为了制定本身,似乎制度制定出来,问题就解决了,工作也就结束了。

制度的底层逻辑是控制、规定、要求,一般是从外部着手,从局部着手,但也可能存在表面化和简单化的局限。有的学校将制度作为学校管理的主要手段,事事有制度,处处有制度,学校管理的全方位和全过程都被制度覆盖,这往往会造成制度窒息,甚至会导致师生丧失主动性、创造性和活力。有些制度缺乏监督,难以落实,于是人们又制定新制度来监督旧制度的执行。这样层层叠加,以制度落实制度。于是,学校的制度越来越多,但问题往往并未得到很好的解决,甚至问题还越来越多,且有些问题恰恰是不合理的制度造成的。

要想有效解决学校管理中的问题,我们不能简单地依靠制度,而要

[①] 本文发表于《中国教师报》2021年3月10日第12版,收入本书时有修改。——编者注

尝试从制度思维走向机制思维。

机制思维背后隐藏的管理创新与智慧是机制思维的灵魂。

先讲一个分粥的故事。牢房里有七个人，他们每天早上都要喝粥。在没有监督的情况下，怎样才能把粥分得既公平又有效率？

一开始，这七个人采用的办法是轮流分粥。结果每个人只有在自己分的那天能多喝一点儿粥，剩下的六天都是由别人来分，自己吃不饱，最后大家都不满意。

这七个人采取了第二种办法，即推举一个公平的人来分粥。可时间一长，有些人就会去讨好、逢迎分粥的人，分粥的人在分粥时便会偏向那些讨好他的人。大家觉得还算公平的人在坏的机制里也会变得不公平，也就不再单纯地相信某一个人了。

于是，这七个人就成立了一个由三个人组成的分粥委员会和一个由另外四个人组成的监督委员会。用这种办法分粥确实比较公平，但是效率太低，以致大家每天喝到嘴里的粥都已经凉透了。

为了保证分粥的公平性，我们可以出台一个制度，要求分粥的人必须公平公正，同时对他进行监督，但结果并不一定尽如人意。

以上做法都是以制度思维解决问题。如果我们以机制思维去解决这个问题，就可以这样做：每人分一天，谁分粥谁最后取粥。如果七碗粥当中有一碗最少，那碗粥很显然就是留给分粥的人的。分粥的人如果不想喝那碗最少的粥，就要把粥分得均匀。这种分粥方式既公平又有效率，体现了机制的力量和管理的智慧。

机制是一种有效的、智慧的制度设计。机制的底层逻辑是激活、撬动、引领，是从内部着手，从系统与结构着手，注重问题的解决，而且能够持续起作用。

好的机制自带动力。机制不是简单地规定人们应该如何去做，而是通过设计，系统性地解决问题，让人们主动去做而不是被要求去做，甚至能够实现一石三鸟、四两拨千斤的效果。

青岛中学引入了客户评价机制，以有效解决从管理走向服务的问题。

只有将对学校的评价权交给师生，让他们来评价学校的管理，才有可能引导管理者目光向下，真正为师生服务，也才可能真正将以师生为本落到实处，实现从管理到服务的转变。如果嘴上说以师生为本，结果还是实行管理者评价，而不是师生评价，那么以师生为本就可能是一句口号。

每年青岛中学教代会的代表对校长和中层以上干部进行信任投票和满意度评价，以决定校长和中层以上干部的去留；每年一线教师对行政人员进行满意度测评，以决定行政人员的绩效工资等级；每年学校组织师生对外包服务公司（食堂、安保、保洁、物业、校服供应商等）进行评价，以决定是否继续履行合同。比如，在师生对学校食堂的满意度调查中，若分数低于 4.0 分（满分 5.0 分），则合同自动解除；若高于 4.0 分，低于 4.5 分，则学校承担水、电、天然气的费用；若高于 4.5 分，则学校给予外包公司不同等级的奖励。客户评价这个机制比一堆制度文本更加有效。

好的机制自带监督。如果没有监督，制度就无法真正落实，也就只能挂在墙上，留在纸上。机制思维是将相关管理要素进行整合，将相关利益主体有效地连接在一起，让制度的执行和监督同步发生。

比如，青岛中学的教师招聘分为四个独立的环节：笔试、学科技能测试、无领导小组讨论、综合面试。在招聘过程中，任何人不得在两个及以上环节中出任评委。这样的机制可以确保招聘的独立性、公平性和客观性。

比如，青岛中学实行多元治理主体的分权制衡机制，行政权力和学术权力分开，学术委员会成员全部由一线教师担任，由教代会投票产生，校务委员不得出任学术委员会委员。这样的机制可以保证学术委员会独立行使学术权力，不受行政权力干扰。

再比如，北京十一学校规定，学校组织的各种报告会、讲座、沙龙等活动，一律不允许强制要求老师和学生参加，必须是师生自愿参加。这其实是师生活动的质量监督保障机制，倒逼活动的组织者和举办者努力提高活动质量，考虑师生需求，把活动办得有意义、有价值，吸引师生主动参加，并让参与者受益。这样的机制将动力与监督自然地结合起来。

好的管理机制能够避免"一人生病，众人吃药"的制度性羞辱。比如，我们不能因为有个别教师迟到，就制定全校教职工打卡签到制度；我们不能因为可能有人将卫生间的手纸拿回家，就停止在卫生间放置手纸；我们同样不能因为有少数学生不能正确使用电子产品，就一禁了之。因为少数人犯错而惩罚大多数人，是一种简单粗暴的管理方式，也是一种制度性羞辱。

机制思维还能够激发人性之善，从建设性的角度解决问题。青岛中学设置了各种学生荣誉勋章。比如，我们给在电脑使用上具有自律性的学生颁发电脑使用荣誉勋章，他们可以把勋章贴在电脑的外壳上，他们使用电脑的时间和空间相对自由；那些缺乏自律性的学生只能在规定的时间、在教室的电脑使用专区使用电脑。同样，考试自律的学生可以获得诚信荣誉勋章，可以到没有教师监考的荣誉考场考试。自觉遵守自习规范的学生可以获得相应的荣誉勋章，可以在学校的任何空间上自习，享有更多的自由。学生积累了一定数量的荣誉勋章后，可以用它们兑换相应的积分，达到一定的积分可以获得一次奖励，比如可以获得优先选导师的权利，或者获得优先选课、优先选择游学路线的权利等。这样的机制着眼于激发学生内在的正面力量，而不是着眼于控制、禁止或惩罚学生的负面行为。

制度是一种单向度的外部行为指令，是对行为主体的管控、限制和约束。机制不一样，它是一种有智慧的制度设计，旨在促进系统或组织中的利益相关方采取积极的行为，它让行为主体处在一种积极的高关联状态。在学校管理中，我们要多用机制思维，让学校管理充满实践智慧和教育的温度。

双刃剑与手术刀[①]

> 现代学校转型，应当从评价走向诊断。诊断是一面镜子，可以让组织和个人更清楚地看见自己，看见自己的成长，也看见自己的问题。

在学校管理中，评价是一种常用手段，甚至被作为一种重要的管理手段。我们往往觉得，似乎只要将重要的事情纳入评价和考核，就一定有效。学校管理者热衷于将评价和考核当作管理的不二法门，学校评价干部和教师，教师评价学生。但是，评价是一把双刃剑，如果使用不当，容易带来负面效应。

首先，评价主要是一种价值判断，目的是鉴别、区分和证明，将人分为三六九等、好坏优劣。然而，学校不同于企业，教育教学是一种育人的工作，其特殊性决定了我们难以对它进行定量或定性的准确评价。

其次，评价的结果往往是"高利害的应用"，好与坏、优与劣往往与评先、评优、业绩、荣誉甚至经济利益直接挂钩。人有逐利的天性，评价一旦与利益挂钩，利益本身就可能成为人们追逐的目的，人们反而忘记了评价的真正目的。这有违评价的初衷，甚至走向反面。

[①] 本文发表于《中国教师报》2021年4月7日第12版，收入本书时有修改。——编者注

最后，任何评价都有不完备之处，评价与利益挂钩会放大评价的不足，甚至将人性中的恶激发出来。为了取得好的结果，人们可能采取不恰当的行为，甚至为了利益而不择手段。

所以，在学校管理中，我们要慎用评价，或者说要淡化评价，从评价走向诊断。

诊断不同于评价。评价一般是价值判断，而诊断一般是事实判断。评价一般是对外指向的，是他者评价；而诊断一般是向内指向的，是自我诊断。评价的目的一般是区别、鉴定或证明，而诊断的目的主要是发现问题和自我改进。评价的结果一般是"高利害的应用"，甚至被公之于众；诊断的结果一般只是被反馈给被评价者个人，供他反思和改进，一般不用作"高利害的应用"。

组织也好，个人也罢，都不太愿意被主观地评价和鉴定。然而，组织和个人都需要诊断，以便于发现问题、反思问题，进而解决问题。诊断是一面镜子，可以让组织和个人更清楚地看见自己，看见自己的成长，也看见自己的问题。诊断是一把手术刀，可以让组织和个人深度解剖自己，反思自己的问题和不足。学校管理者往往存在着认知盲区，大多自我感觉良好，似乎问题都是别人的。在认知层面，我们常常不知道自己不知道。诊断可以让问题被看见，也可以帮助组织和个人有正确的自我认知。

青岛中学每年进行两次基于学校自我改进的学校诊断。我们的诊断分为八个领域：组织与领导、文化、课程、教学、教师、同伴、安全、资源等。每个领域之下又分为若干具体方面，比如组织与领导之下分为学校领导力、校长领导力、年级领导力、学科领导力、处室领导力等方面。这些基本上涵盖了学校管理的各个方面和重点环节。学校诊断就是一次全面体检。学校是个有机体，我们需要定期检查这个有机体的健康状况。

首先，在进行学校诊断的过程中，我们应该重视那些值得诊断的要素。在一般的学校评价中，人们往往评价那些容易评价的东西，而不是评价那些值得评价的东西。因此，是重视我们诊断的东西，还是诊断我们重视的东西？这是一个非常重要的问题。这是一种价值观，也是一种方法论。比如，检查备课笔记，却不重视评价课堂效果；检查教师考勤，却不重视评价师生关系、教师的爱心和敬业精神；重视教师发表论文、公开课获奖，却不重视评价教师的教学业绩。那些易于考评的东西有可能只是次要的，而真正重要的东西反而考评不足。

其次，在进行学校诊断的过程中，我们要重视那些无形的东西。比如师生关系、组织氛围、学校文化生态等，这些东西非常重要，但也往往难以评价与诊断。这就需要我们借助第三方的专业力量，研发诊断工具，提高诊断的科学性、客观性。青岛中学在学校诊断的工具研发和组织实施方面，得到了北京"E智慧"团队的专业支持。

再次，学校诊断必须基于自我改进，目的是促进而不是证明。因此，学校诊断的结果必须是"低利害的应用"，不应当直接与奖惩和物质利益挂钩。同时，我们应该引导大家进行内归因分析，着眼于自我反思，反求诸己。我们在每一次诊断结束后，都会组织各个层面的分享会，大家谈体会、找问题、想办法，改进工作中的不足之处。

最后，学校诊断必须指向学生成长。学校管理的方方面面，从组织领导到学校文化，从课程到教学，从教师到资源，都是为学生成长服务的。学生成长是学校诊断的最终价值指向，离开了这一目标，所有诊断都毫无意义。

从自由、自律走向自主[①]

> 教育就是通过学生的主体性参与,让每个学生在自由、自律、自治、自决、自立的过程中获得成长,成为具有自主能力的人。

在每周二的"校长有约"活动中,我会和学生一起吃饭、聊天。我问过很多学生:"你们觉得青岛中学最大的特点是什么?"他们大约有一个共同的答案:"青岛中学很自由。"

人生而自由,自由是人享有的权利,也是教育的价值追求。在学校里,没有自由是可悲的,不会使用自由是可怕的。儿童六岁入学,在此后长达十多年的学校教育过程中,其生命自由绽放,个性日益张扬,创造力蓬勃生长,潜能逐步被开发,可能性变成现实。他们发现自己,唤醒自己,最终成为更好的自己……这正是教育的全部过程与意义。

意大利幼儿教育家玛丽亚·蒙台梭利(Maria Montessori)曾经描绘过她心目中的学校自由:"儿童没有羞怯感,他们的心灵和环境之间不存在障碍,他们的成长是充分和自然的,好像莲花打开白色的花瓣,完全

[①] 本文发表于《中国教师报》2021年4月21日第12版,收入本书时有修改。——编者注

伸出花蕊，吐露着芬芳，沐浴着阳光。"①

这是多么圣洁、美好、令人向往的成长状态。创造让人自由呼吸的教育，呵护儿童的成长，是学校的使命，也是教育的目的。

是的，校园本应是学生享受自由、学会使用自由的地方。青岛中学将自由视为学生的一种基本权利，而不是我们赐予学生的恩惠。由李希贵校长撰写的《青岛中学办学大纲》明确提出："平等、自由的校园氛围是教育的前提。"在学校教育中，自由能够让学生真实地表现自己，展现真实的个性。这种真实的展露，给了教育以机会。

《青岛中学学生手册》的开篇部分就是"自由篇"："在青岛中学，我们身心舒展，思想自由，行为规范，人格独立，自由呼吸……"

当然，校园里的自由是有边界的。没有规则的自由并非真正的自由，反而会破坏自由，甚至损害别人使用自由的权利。要让契约守住自由的边界，一个人有多自律，就有多自由。

尤其要警惕的是校园中自由与规则的双重缺失：在学生应该享有自由的地方，管控过度；而在学生应该遵守规则的地方，却放任自流，学生缺乏基本的规则意识。这是最糟糕的情形。

自律是从自由走向自主的必然途径。我们不能相信管控和他律能直接培养自主，只有从自由出发，经过自律，才能培养真正的自主。

自律是一种境界，也是一种意志品质，是自我控制而不是外在强制。学生只有通过内在的力量自我约束，恪守规则，在自由中学会自律，才能在自律中更好地享受自由和使用自由。正如美国教育家约翰·杜威（John Dewey）所说："虽然我们可以把马引到水边，却不能迫使它饮水；虽然我们能把一个人关在教养所，却不能迫使他悔罪。"②

在《青岛中学学生手册》中有这样一段话："胜人者有力，自胜者强。自律的人能更好地享受自由和使用自由。只有内在力量被强烈激

---

① 蒙台梭利. 童年的秘密 [M]. 梁海涛，译. 上海：上海人民出版社，2012: 134.
② 杜威. 民主主义与教育 [M]. 王承绪，译. 北京：人民教育出版社，2001: 33.

发，人才能真正自律。自律，始于觉醒和对规则的遵从，成于坚持和对规则的敬畏，终于约束的自觉与良好习惯的养成。自律，是强者的必备品行。"

青岛中学通过建立无人游离的共同的目标愿景、价值标准和行为准则，帮助学生逐步形成自律的品质。我们将"诚信、感恩和爱"作为青岛中学学子的必备品格，建立"青蓝荣誉勋章"等荣誉体系和激励机制，从建设性的角度出发，激发学生的正向行为，帮助学生巩固自律品质。我们希望将学生内心中积极的、向上的、正面的力量激发出来，将学生的自尊、自信、自我价值感和成就感激发出来，使学生不仅获得荣誉感，也获得对自己内在力量的确认，从而更好地自律，形成良性循环。2021年，作为"十事实办"之一，我们开了一个无人值守的诚信微店，出售学校的文创产品等，学生自主购物，自觉付费，这既方便了学生，也培养了学生的诚信和自律品质。

自由、自律、自主是青岛中学的教育价值追求。自律是自主的前提，自主是教育的目的。一切学习本质上是自我建构，一切教育本质上是自主教育。教育就是通过学生的主体性参与，让每个学生在自由、自律、自治、自决、自立的过程中获得成长，成为具有自主能力的人。

自主是一种权利，也是一种能力。在青岛中学，学生拥有如下自主权利：自主安排小学段①时间；自主制订、发布人生规划；通过学生会、自主管理学院等自治机构，实现自主管理；自主建立、选择、加入学生社团；自主策划、组织、参与学校的节庆活动；自主规划、选择、参加社会实践活动；自主参与"学长制"②；自主申报义工；自主申报奖项；等等。自主意味着责任。自我选择、自主规划、自我管理的背后，是强烈

---

① 青岛中学将每个学期分成三个学段，包括两个大学段及一个小学段。小学段为期两周，不安排正式课程，学生在老师的指导下自主安排学习时间和学习任务。
② "学长制"是青岛中学实行的育人制度，指高年级学生与低年级学生结成一对一的学习伙伴，共同成长。

的责任感和习惯性自律。

英国哲学家伯特兰·罗素（Bertrand Russell）认为："我们在现代教育上的目标是将外部的约束减至最低程度，然而这就需要学生有内在的自制力。"[①] 教育不等于管控，我们必须通过激发和培育学生内在的积极力量，让学生在自由中学会自律，从自律走向自主，最终成为主体性、社会性统一的个体，这是教育的目标。

---

① 罗素. 罗素论教育 [M]. 杨汉麟，译. 北京：人民教育出版社，2009: 59.

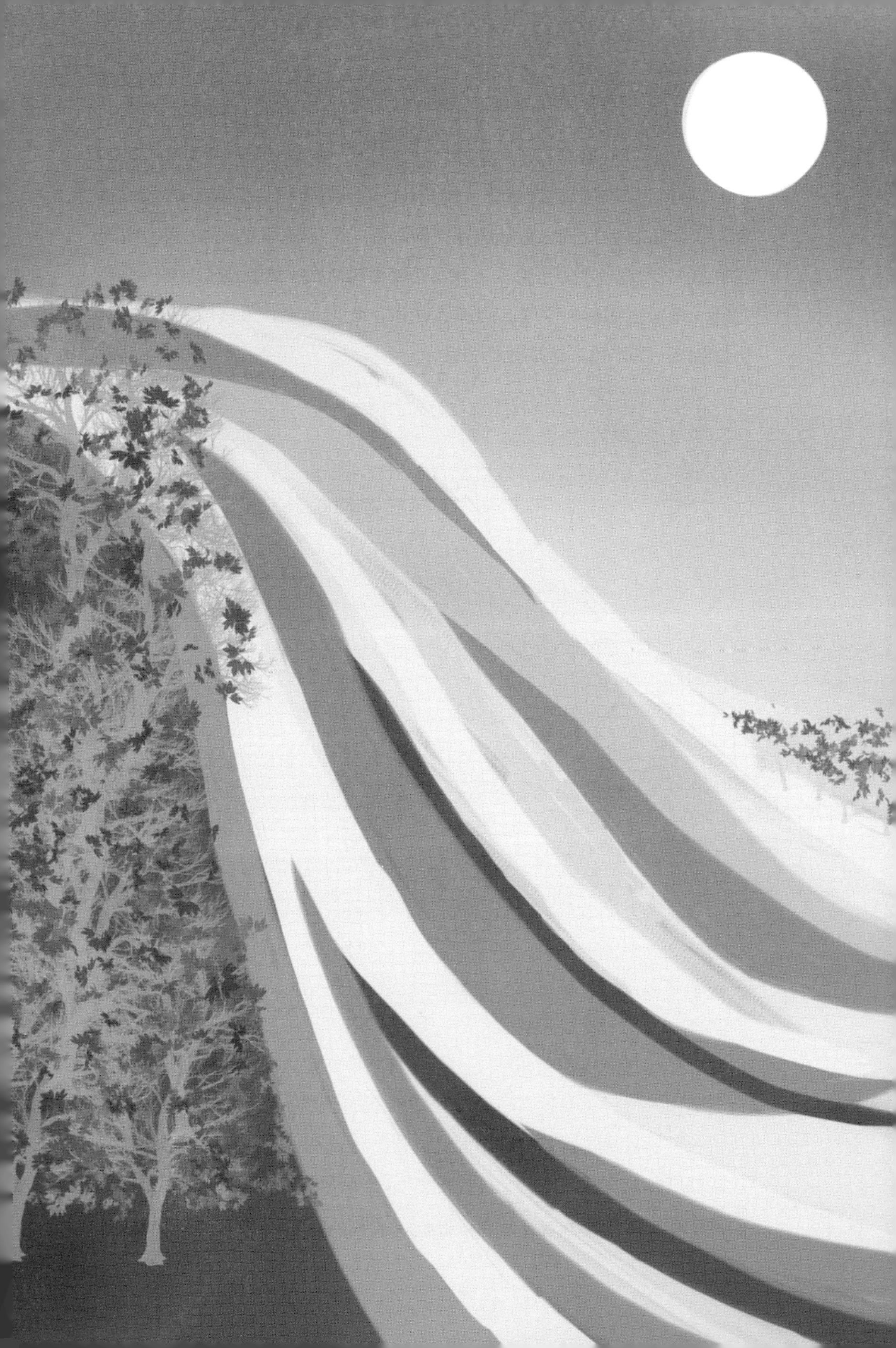

将个别化进行到底[1]

> 现代学校转型，应从类别化走向个别化。只有关注每一个个体的发展，才有可能真正做到面向全体，进而促进学生全面而有个性的发展。

教育发展到今天，学校转型应该致力于从类别化走向个别化，从关注"每一类"学生，到关注"每一个"学生。这是培养全面而有个性的学生的基本要求，也是教育关注个体成长的重要体现。

《青岛中学行动纲要》中明确提出了我们的价值观和教育原则："我们深信只有关注每个学生的成长，才是真正地面向全体。个别化是我们坚持的教育原则。"

"面向全体学生的全面发展"一直是我们的教育追求。但是，群体是由个体组成的，只有关注每一个个体的发展，才有可能真正做到面向全体，进而促进学生全面而有个性的发展。

长期以来，我们较多关注群体，较少关注个体；较多关注每一类学生，较少关注每一个学生。比如，我们习惯于称学生为"大家"或者"你们"，这隐喻着学生永远是"大家"中的某一个人，个人只是集体中

---

[1] 本文发表于《中国教师报》2021年4月14日第12版，收入本书时有修改。——编者注

的一员。其实，从来就没有"大家"这个人，只有一个个独立的个体。而且每一个个体都有自己的独特性，都有自己的主体性价值。当我们将学生视为群体中的一员时，个体就被抽象为集体的一分子，个体就消失在了集体之中。这是学生自我身份的丧失，也是学生主体性的丧失。

正如苏联教育家苏霍姆林斯基所说："没有也不可能有抽象的学生。"[1] 每一片叶子都不同，每一棵树都不一样，人亦如此。但是我们往往只见森林，不见树木。我们强调面向全体，这并没有错，但是只有我们真正面向每一个个体，我们才真正做到了面向全体。

在青岛中学，为了学生全面而有个性的成长，我们从课程到教学，从教育到管理，尽可能遵循个别化原则，从关注每一类学生，转变为关注每一个、这一个学生。为了学生的个性化成长，我们将个别化进行到底。

在课程上，我们注重课程的选择性，选择性是个别化的重要体现。目前我们已开设分层、分类、综合、特需课程共177种，为学生提供具有多样选择的丰富课程体系，满足不同潜质学生的多样化成长需求，以课程育人，帮助学生发现自己，唤醒自己，最终成为更好的自己。

在教学上，我们为每一位学生的学习而设计，并最大限度地实行课内分层，以技术助力个别化学习，并根据每一位学生的不同情况进行个别化援助。在教学中我们力求下要保底、上不封顶，实行弹性教学，学生可以根据自己的情况申请学科免修，或者申请修习高年级的课程。我们努力通过弹性课程，实现因材施教。

在教育上，我们为每一位学生成立学生成长责任中心，帮助学生健康成长。每位学生的成长责任中心分别由导师、学科教师、教育顾问、咨询师、教育干事、生活教师等组成，这些老师各负其责，全员育人，为每一位学生的成长服务。

在管理上，从六年级开始，学校实行全面走班的教学组织形式。传

---

[1] 苏霍姆林斯基.给教师的建议[M].杜殿坤，编译.北京：教育科学出版社，1984：1.

统学校的最小管理单位是班级，青岛中学的最小管理单位是每一位学生。能用个别化方式解决的，不用统一的方法处理。即便是开家长会，也尽可能开成一对一的家校沟通会。

学校教育从关照学生群体转向关照每一个学生个体，是特别有意义的教育转向。这是基于以下逻辑：首先，从教育起点看，每一位学生都是不一样的；其次，从教育过程看，教育教学的方式应该充分关照和尊重学生的不同成长节奏和差异，并将差异作为有价值的教育资源；最后，从教育目的看，教育就是要促进学生全面而有个性的发展，涵养他们的主体性和个性，将学生培养成不一样的个体，使他们成为更好的自己。

每位学生都是不一样的独特的生命存在，有着自己的主体性价值。教育的过程就是帮助每位学生成为他自己，成为具有独特性和主体性的人。个体虽然渺小，却弥足珍贵。正是每一个渺小的个体，组成了群体和社会。青岛中学2022届的李嫣然同学在一篇文章中这样写道：

> 在这个世界上，个体组成群体，但大部分时候个体的存在价值被忽视了。只有当我们从群体中分离出个体，并诚心诚意地对他们进行感怀时，内心才能真正地感受到个体的意义和生命的意义，才能真正感受到，其实生命与生命之间，命运与命运之间，很近很近。

当然，我们主张个别化教育，并不是要回到个体学习的时代，而是要充分尊重学生的差异性，着眼于学生的独特性和主体性，避免个体悄然消失于群体之中，避免在集体的名义下漠视主体性的存在。我们主张个别化的教育原则，并不是摒弃社会性和共同体，不是摒弃集体教育的功能，也不是摒弃关系的价值和意义。人是生活在集体之中，存在于关系之中的。社会性和个性的协调发展正是教育的完整目的。因此，我们主张的个别化，是在统一中注重多元性，在共同体中培养主体性，在社会性中涵养个性。面向个体正是为了更好地面向全体，更好地促进学生全面而有个性的发展。

从教走向学[1]

> 从教走向学，是教学理念的新转向。教之于学，犹如卖之于买。别人没有买你的东西，就不能说你卖了。

比利时天主教鲁汶大学校门口有一个雕塑：一个学生一只手捧着一本书，另一只手握住一个水杯，把水从头上浇下来。这个雕塑的寓意是希望将知识灌进大脑。19世纪客观主义的知识观和行为主义的教学观认为，知识是客观的，教学是教师将知识灌输给学生的过程。这个雕塑是这一理论的隐喻。我们现在大多数课堂和教学，仍然重复着这样的灌输式的教学模式和接受式的学习模式。

杜威说过一句话："教育并不是一件'告诉'和被告知的事情，而是一个主动的和建设性的过程，这个原理几乎在理论上无人不承认，而在实践中又无人不违反。"[2] 他的话既适用于教育，也适用于教学。教学不是教师灌输和传授知识的过程，而是学生主动建构知识的过程，即学习的过程。

其实，我国古代就有"学习"的传统，正所谓"礼闻来学，不闻

---

[1] 本文发表于《中国教师报》2021年3月24日第12版，收入本书时有修改。——编者注

[2] 杜威.民主主义与教育[M].王承绪，译.北京：人民教育出版社，2001:46.

往教"。《论语》的开篇就是《学而》，我国第一部教育学著作是《礼记·学记》，《荀子》的第一篇是《劝学》。我国古代就有学堂，近代才被教室所取代。所以，从某种意义上说，从教走向学是一种回归，回归学习的本质。

从教走向学，是指向更复杂的认知过程，即深度学习的过程。从认知过程这一维度来看，学生学习的自主性与认知活动的复杂性是正相关的。在布卢姆的教育目标分类中，低阶目标如记忆、理解、应用等认知活动，可以通过教的方式实现；而高阶目标如分析、评价与创造等复杂性认知活动，必须通过学生的自主学习与建构才能更好地完成。

从教走向学，是指向更高阶的知识维度，即能力和素养的维度。事实性知识和概念性知识的掌握可以通过教授的方式实现；而程序性知识、策略性知识和元认知知识的掌握，则主要通过学生的自主学习与实践才能更好地实现。从一定意义上说，知识和技能是可教的，而能力和素养是不可教的。能力必须通过主体的实践性活动才能形成，素养必须通过知识的活化和能力的迁移才能形成。

从教走向学，是课堂中心和学习主体的转变，学习成为课堂的中心，学生成为学习的主人，教室还原为学堂。学生从被动的接受转变为主动的建构。教师的角色转变为学习的设计者、组织者、促进者和引导者。

但这并不意味着教师作用的弱化。从教走向学之后，教师的工作重点主要体现在两个方面。其一是进行基于学习的大单元设计，教师要设计学习目标、核心问题与关键任务、评估和诊断，同时要研发学习资源、学习策略、学习工具与脚手架，为不同的学生提供不同的学习支持。其二是在课堂上进行学习引导和组织。教的目的是引导学生的学，教育（education）的词源学含义就是引导。这种引导主要是目标和流程的引导与控制、对学生学习的个别化关注与支持，以及对学习的观察和过程性评估。

所以，从教走向学，不是教师的作用被削弱了，而是教师的定位发生了改变，教师要设计学习、领导学习、评价学习和促进学习，难度其实更大了。

从教走向学，有两个方面非常重要。一是一致性，即学习目标、核心问题与关键任务、评估诊断的一致性，核心问题与关键任务、评估诊断必须紧紧扣住学习目标。二是实践性，从教走向学，必须以任务为驱动，让学生动手动脑，让学生做中学、用中学、创中学，培养学生的实践能力。

从教走向学，我们还有很长的一段路要走。我们在青岛中学探索从教走向学的课堂教学转型，鼓励教师创新教与学的方式，为学习而设计；并进而探索指向核心素养的深度学习，培养学生的批判性思维和创新实践能力，培养学生发现问题的眼光与解决问题的能力。

这个过程非常艰难。有时候我们的教师会担心，从教走向学，这样的课堂效率不高，可能完不成教学进度。因为我们通常认为，以教为主的课堂效率高，时间和内容都是可控的；而以学为主的课堂往往效率不高，而且随意性大，难以掌控。比如，10分钟就可以讲清楚的知识点，如果一定要让学生去体验和探究，则非花半天时间不可。

其实，这是从教的角度来思考问题，而不是从学的角度来思考问题。这考虑更多的是如何方便教师教，而不是方便学生学；关注的是知识的覆盖，而不是揭示；考虑的只是教的效率，而不是学的效率。这关心的是这一堂课的教学内容是否完成了，至于学生的学习效率、效果、效益究竟如何，则不甚了了。从本质上说，这涉及教学观的问题。

教永远是为学服务的。杜威说，教之于学，犹如卖之于买，别人没有买你的东西，就不能说你卖了。没有学的行为发生，就不能说完成了教。因此，教师的全部着眼点应该集中于此：让学习真实地发生。

让学习真实地发生，必须将课堂还给学生，必须让学生成为学习的主体，必须让学生的思维真正活跃起来，并在任务驱动的学习中培养能力。

当然，学习并不会自动地发生，学生也不会天然地知道如何学习。因此，学习是需要设计的，包括目标设计、任务与问题设计、工具与资源设计、学习环境设计、评价设计等。学习本身也是需要指导的，比如合作学习如何展开、项目式学习如何进行等，必须要有工具和方法的指导。这就将教与学有机地联结起来。但是，教是手段，学才是目的。学生为未知而学，教师为学习而教。

当然，在从教走向学的过程中，我们需要注意的是，教育不能被悬置。无论是强调教学还是强调学习，教育性始终为先。教育的责任和意义，不能也不应消解在学习的话语体系之中。

我们在谈课程时，到底在谈什么[①]

> 课程是学校的核心产品，我们应当将教学意识转变为课程意识。课程改变，学校才会改变。

教学与课程是两个不同的概念。美国教育学家拉尔夫·泰勒（Ralph Tyler）的《课程与教学的基本原理》一书中基本上是将二者混用的，其实，二者之间虽有共通的地方，但也有重要的区别。当我们说"教什么，怎么教"的时候，我们谈论的是教学；当我们进一步追问"为什么"的时候，我们更多的是在谈论课程。

广义的课程概念，大体上包括以下几个方面的内容：课程目的——培养什么样的人；课程内容——哪些知识是有价值的；课程结构——这些有价值的知识以何种方式组织在一起，是分科的还是综合的，是学科本位还是儿童认知本位；课程实施——教与学的方式；课程评价——课程的质量标准及评价。

在我看来，教学指的是课程实施，也就是说，教学是课程的一部分。相对于教学来说，课程是更上位的概念。

我们往往有一个误区，认为课程是国家层面的事情，是课程专家的

[①] 本文发表于《中国教师报》2021年3月17日第12版，收入本书时有修改。——编者注

事情，似乎与我们一线的师生无关。我们往往认为学校和教师的职责就是教学，学生的职责就是学习。课程改革二十多年来，尽管广大中小学教师已经大幅度提升了课程意识，但仍然需要进一步更新观念，从教学意识走向课程意识。

首先，学校要有明确的课程意识，树立课程育人的理念。课程是学校的核心产品，也是学校的核心竞争力。学校要根据国家课程规划，结合学校的育人目标，将国家课程、地方课程和学校课程有机整合起来，构建具有自己学校特色的课程架构。课程改变，学校才会改变。

在《青岛中学办学大纲》中，我们明确提出："学校视课程为学校的产品，通过课程为学生成长服务。学校的价值观、战略选择、培育目标，必须也只能通过课程落地。课程的丰富性、选择性、经典性和与学生生活的关联性，是学校一流教学和多彩学习生活的保障。"

在青岛中学，我们致力于创设十二年一贯制的课程体系，小学设置超学科的融合课程，初中设置跨学科的领域课程，高中设置分学科的分层、分类、综合、特需课程，以课程育人，满足学生全面而有个性的发展需求。

我们注重课程的选择性。青岛中学为学生提供具有多种选择的课程体系，目前共开设了177门分层分类的学科课程。我们希望通过课程类别的丰富性，满足不同潜质学生的多样化需求，帮助学生发现自己，唤醒自己，最终成为更好的自己。

我们注重课程的贯通性。青岛中学遵循学科规律和儿童认知规律，重构基础教育阶段的学科知识、技能和核心素养，利用十二年一贯制的优势，打通幼小衔接、小初衔接、初高中衔接以及高中与大学的衔接，实现十二年纵向贯通式培养。

我们注重课程的综合性。青岛中学最大限度地实现了课程的跨学科综合，目前已经在小学的主题融合课程、初中的科学与人文综合课程的研发上做出了大胆的尝试和探索，把打碎的镜子重新拼凑起来，让学生整体感悟和认知世界。

我们注重课程的实践性。我们努力让课堂与世界相连接，让学习与生活相融合。通过指向核心素养的深度学习，培养学生发现问题与解决问题的关键能力，实现从做题到做事、从解题到解决真实问题的转变。

其次，教师也要具有课程意识。只有站在更高的课程视角看待学科、教材和教学，教师才能更加深刻地理解学科的本质，以及学科教学的意义与价值。所以，教师的课程意识就是对本学科育人价值的深刻理解，教师要理解人的终身发展和社会发展需要人具备哪些关键能力、思维品质和价值观念，而本学科又可以为培养这些能力做些什么。比如，一个具有课程意识的数学教师应思考以下问题：将来不从事数学研究的学生为什么要学数学？数学学科能培养学生哪些素养？数学学科的思想是什么？数学对思维训练的贡献是什么，局限是什么？数学学科的基本问题和大概念是什么？

教师的课程意识就是站在学科的育人价值角度认知教学目标、教学内容和教学方法。若一位数学教师能够回答上述问题，他就能够更加深刻地理解数学学科的核心素养；能够高屋建瓴地重构学习单元，组织学习资源，取舍学习内容；也才能够更好地用教材教，而不是机械地教教材；也就能够更加注重目标、内容、形式、评价的一致性，而不仅仅是纠结于具体的教学技巧、方法与形式。

当然，教师课程意识的形成不是一件容易的事。最好的方式是鼓励教师进行课程的二次开发，也就是将国家课程校本化。这有助于教师从知识本质和认知方式的角度来深度思考本学科的育人价值与局限，有助于教师以课程的视角来观照教学。教学是方法论层面的概念，课程则是本体论层面的。教师只有树立课程意识，才能登高望远，从本体的角度寻找到教学的指南针。

最后，学生的课程意识十分珍贵。教龄较长的教师会发现，现在的学生和过去的学生有很大不同。以前的学生很听话，教师教什么，他们就学什么。现在的学生则会反问教师："我为什么要学习函数？我为什么要学习文言文？我为什么要学习别的国家的地理和历史？"

其实，学生能提出这些问题正反映出他们的课程意识，这种课程意识非常宝贵，值得教师珍视。因为这些问题涉及学习的目的、意义和价值，涉及学习的动机问题，涉及知识的本体性问题，也涉及课程的动力问题。我们应该鼓励学生提出问题，并且引导学生理解学习新知识的价值和意义。唯有价值和意义，才是学生学习的永久动力。

每个学习者都是一个中心[1]

> 从教学空间到学习社区的空间转向,是从教走向学的必然要求。

在学校转型的过程中,我们强调从教走向学,学习环境的设计和建设因此成为一个重要话题,重点是如何将学校变成学习中心和学习社区,为学生的学习提供空间和环境支持,将教室变为学堂。

学习社区的建设应当从改善学习环境着手。钟启泉教授认为,"我们需要的是促进知识建构的刺激条件和支持条件的综合——学习环境。""需要一个具有开放性、支持性、激发多种思维、滋养多样性的学习环境,借以适应人类学习的复杂性、个性化和随机性。"[2]

钟启泉教授认为,学习环境基本上由物的要素和人的要素构成,也包含了二者在交互作用过程中形成的每一个人的行为动作、表达和表情等,其主要特点是开放。学习环境也可分为直接环境、间接环境和人际环境,包括静态的环境与动态的环境,本质是"学习场"的设计。学习环境不仅是物理性空间,也是社会性空间,既是人与物的关系,也是人

---

[1] 本文发表于《中国教师报》2021年5月5日第13版,收入本书时有修改。——编者注

[2] 钟启泉.课堂研究[M].上海:华东师范大学出版社,2016:140.

与人的关系，甚至是人与自我的关系，是一个学习社区。

我们可以从物理环境、信息环境和人际环境等方面着手设计和建设学习环境。

首先，注重物理环境的建设。将整个校园的物理空间作为学习空间进行分析，整合正式学习空间与非正式学习空间，满足学生多样化的学习需求。

正式学习空间主要是指学科教室。在青岛中学，小学教室的空间比较大，大约有150平方米以上。我们对教室进行分区设计，既有学习空间，也有活动空间、阅读空间等。教室内的四周布置有书橱，每个教室的课外书籍达到1000册左右，并不断更新。教室后面有沙发、地毯等，是孩子们课间活动、交往和休息的地方。两间相邻的教室可以根据需要进行开合，复合使用。教室内的四面墙可以根据教学需要，设计成学生的作品展示区，教室外的廊道也是教室的延伸，同样可以成为学习空间的一部分，展示学生的作品。

青岛中学的初中部及高中部实行走班选课，每个教室既是固定的学科教室，又是教师的办公室，同时还是学生自修的地方。我们希望学科教室要有学术氛围、学科味道和学生气息。我们将数学学科教室的四面墙壁设计成书写墙，供学生随时演算和做题。我们给人文学科的教室配备了学科类的工具书和图书。科学学科教室的前面是学习区，后面是实验区，我们配备了基本的实验设备和器材，方便师生使用。我们还根据技术、艺术、体育学科的课程特点，对这三个学科的学科教室进行了相应的设计。我们的基本理念是将教室布置成具有学科特色的学习空间，并配备相应的学习资源，将教室变成学堂，有浓厚的书香味，也有满满的学生气息。学科教室的布置由每一位任课教师负责，既能充分体现学科特色，又能体现教师的个人风格。

除了学科教室这样的正式学习空间以外，我们还非常重视非正式学习空间的建设，充分利用走廊、过道、拐角，并通过对地面、顶面、墙面、灯光、色彩的处理，营造学习的环境氛围，提供泛在的学习资源。

青岛中学将咖啡厅、餐厅也设计成学习空间，学生可以在此自修、读书。我们将整个学校作为学习中心来建设，支持和响应多种学习方式。以学习者为中心，为学习而设计，让学习随时随地发生。

其次，注重信息环境的建设。我们为学习提供信息技术支持，充分利用线上信息资源的丰富性，为学生的自主学习和个别化学习提供学习资源。

现在的学生非常幸运，生活在网络信息时代，有着丰富的学习资源；但他们又何其不幸，因为种种技术上、管理上、政策上的原因，他们并不能自主、便捷地运用网络信息资源。这是当下及未来教育应当重视和解决的问题。

青岛中学尝试建立虚拟的网络学习社区。有些学科教师和学生一起建设学科微信公众号并将它作为虚拟的学习空间，在这里发布、展示和分享学生的学习成果，这突破了学习的时空限制，极大地拓展了学习空间。

除了线上学习资源，线下学习资源也非常重要，我们应当将学习资源放在离学生最近的地方。青岛中学的各个学科教室中配备了相关的工具书、学科图书、各种学习资料以及相应的仪器设备，每一个学科教室也是一个小型的学科阅览室。

最后，注重人际环境的建设。学习社区应当以学习为中心，以学习者为中心，建构安全、平等、协作、互动的人际环境。"学习环境的设计意味着一种新的学习文化的重塑——以学习者的学习为核心，谋求教学关系的重建。"[①]

在青岛中学，学科教室内没有象征教师权威的讲台，寓意是去中心化和去权威化。教师是学生学习的促进者，而不是知识的权威；教师把课堂还给学生，学科教室不再是教师独白的舞台，也不仅是学生听讲的地方，而是师生共同建构新知识的场所。

---

① 钟启泉.课堂研究[M].上海：华东师范大学出版社，2016：144.

我们提倡学习环境应当是多中心，或者说是去中心的空间，如果一定要有中心，那么每个学习者就是一个中心。在学科教室里，学生或围坐在一起，或对桌而坐，形成协作和互动的学习共同体。

同时，我们也注重满足学生个别化的学习需求，学生可以选择在学科教室里自修，也可以选择在阅览室、咖啡厅或者学校的其他地方学习。学校还利用走廊和拐角，建设了若干个半封闭的非正式学习空间，这些非正式学习空间舒适、温馨，可以减少外界对学生的干扰。2020年，我们设计了一些"ME空间"，即更加个性化的学习空间，以满足一到两个学生单独学习的需求，这也是学校当年的"十事实办"之一。

从教室到学堂，从教走向学，需要我们将学校作为学习中心或学习社区来加以改进，为学习而设计，优化学习环境，营造学习氛围，提供学习资源，以满足学生的多样化学习需求。当然，学习也并非学生校园生活的全部，我们在建设学校空间的过程中，还要注重学生交往和生活的空间需求，为学生的成长、学习和生活提供富有教育意义的空间支持和服务。

中小学校多大规模最好[①]

> 从规模化走向有机性,是学校现代转型的基本趋势之一。学校是一个有机体,有机体的健康生态比规模要重要得多。

我曾经问一位美国小学校长,中小学校多大规模最好。他回答说:"校长能认识每一位学生就可以了。"当时我想,也许我只能认识300位学生。

缩小办学规模是世界教育改革与发展的趋势。20世纪90年代之后,美国基础教育改革的举措之一就是缩小学校规模,这是继小班教学之后的重要改革。我参访过美国的多所中小学校,公办学校的规模都比较小,小学一般有几百人,中学一般有一千多人,很少有超过两千人的,私立学校的办学规模更小。我参访过的日本、韩国、加拿大等国家的学校规模也都比较小。

追求学校规模化,是工业革命之后规模经济理论的产物。特别是在追求教育公平性的背景之下,为了让更多学生能上好学校,政府和教育主管部门主张扩大优质学校的规模,学校本身也有扩大规模的内在冲动。在我国,有些优质的公办中小学人满为患,千人年级、万人学校不鲜见,

---

[①] 本文发表于《中国教师报》2021年5月12日第12版,收入本书时有修改。——编者注

与此相关的是大班额，超过 50 人的班级也属常见。

从教育产出来说，扩大优质学校的规模，是特定发展阶段的必然现象。随着教育的发展，人们逐渐认识到，教育不是工业，学校不是工厂，教育产品无法在流水线上批量生产。如果从追求教育的卓越性维度出发，则应当缩小学校规模，从规模化走向有机性，从外延式发展走向内涵式发展。

学校不是工厂，也不是行政性组织，而应当是去行政化的有机式组织。有机式组织也称适应性组织，它的特点是低复杂性，低行政化，分权而不是集中，扁平而不是分层，灵活而不是统一。它具有高度的适应性和弹性，能根据需要迅速做出调整。

如果规模过大，学校的组织形态、组织结构和管理流程会发生变化，管理必然由简入繁，不可避免地增加管理层级及管理宽度，最后的结果是患上"大组织病"——层级过多，管理固化，效率低下，缺乏弹性，反应迟钝，行政化色彩加重，管理行为多于教育行为。规模过大的学校无法成为有机式组织，只有规模适中的中小学校才有可能被改造成高效率的有机式组织。

缩小中小学校的办学规模，增强学校组织的有机性，是提升教育质量的重要策略之一。超大规模中小学校要有计划地"瘦身"；较大规模中小学校要有意识地划分出若干小型学习社区；适度规模或者小规模学校，要调整组织结构和运行机制，化繁为简，实行扁平化管理，减少管理层级，转变中层职能，给基层授权赋能。目前我国的一些小微学校组织结构简单，运行机制流畅，值得我们借鉴。需要注意的是，有些学校虽然是小规模，但还是大班额，这同样会影响组织的有机性，这些学校需要同步减小班级学生的规模。

《青岛中学办学大纲》中明确提出："我们将在办学过程中严格限定办学规模，我们深信，让学校强大的永远不是规模，而是品牌。"青岛中学是十二年一贯制学校，保持小规模和小班化，每个班级不超过 24 人，小学每个年级有 100 人左右，初中每个年级有 200 人左右，高中每个年级有 300 人左右。

青岛中学实行扁平化的组织结构，以专业化的行政服务支持教育教学，实行扁平化管理和分布式领导，给基层赋权，释放基层的活力与创造性。我们保持组织的弹性，以项目组作为正式组织的有效补充，建立以学生成长为中心的运行机制。

教育发展到更高阶段，必然要从追求规模走向追求质量，从外延式发展走向内涵式发展。从实践效果来看，千人年级、万人学校的隐忧渐次显现，大组织病不可避免。正如美国管理学专家彼得·德鲁克（Peter Drucker）所说："社会组织恰如生物有机体，必须保持小而精的状态。"[①] "人数越少，规模越小，内部的工作越轻，组织就越接近于完美，就越有存在的理由。"[②] 学校是一个有机体，规模大不应当是它的目标，健康、和谐、有活力及创造力才是学校有机体的重要价值维度。

---

①② 德鲁克.卓有成效的管理者[M].许是祥，译.北京：机械工业出版社，2013：103, 14.

以差异取代差距[①]

> 从分流淘汰转向全纳教育，以差异取代差距，以教育的包容性和全纳性，让不同的学生获得相应的成长。

全纳是教育民主化的核心价值。随着我国教育事业的发展，我们将逐渐从教育的需求侧改革转向供给侧改革，为适龄儿童提供更加具有包容性的全纳教育。全纳教育（inclusive education）也称包容性教育，1994年6月10日，联合国教科文组织在西班牙萨拉曼卡市召开"世界特殊需要教育大会：入学和质量"，通过《萨拉曼卡宣言》，首次正式提出全纳教育这种新的教育理念。全纳教育倡导容纳所有学生，反对歧视排斥，促进积极参与，注重集体合作，满足不同需求，是一种没有排斥、没有歧视、没有分类的教育。

从教育的发展趋势来看，教育发展到一定阶段，必将从追求数量向追求质量转变，从扩大规模向提升内涵转变，从分流淘汰式教育向全纳教育转变。几十年来，由于教育发展的不充分和不平衡及教育供给不足，一直存在僧多粥少的状况。基础教育中出现的大班额、择校热、普高升学率低、分流淘汰等现象，均是这些问题的表征。

[①] 本文发表于《中国教师报》2021年5月19日第12版，收入本书时有修改。——编者注

随着社会经济的发展及教育质量的提升，学校办学日益均衡化，教育的需求与供给必将发生新的变化。一方面，教育供给的数量和质量将不断提升；另一方面，未来教育的形态也将更加多元化，除了学校教育以外，在家上学、线上教育等多样化的教育形式，也将成为一部分家长和学生的选择。

从人口变迁的趋势来看，目前我国适龄儿童数量减少的长期趋势基本确立，并且短期内是不可逆的。从长远来看，大部分地区将会出现学位过剩的现象。这将影响教育的需求与供给，随之出现的情形是，未来可能不再是学校淘汰学生，而是学生淘汰学校，我们姑且称之为逆淘汰。这将倒逼教育从分流、淘汰走向全纳、包容。

目前，我国中职学校和高职学校已提前进入这一阶段，普通教育也将随之步入这一轨道。欧美国家的大学录取也是这样，一个学生可能收到几所甚至十几所高校的录取通知书，最后他选择其中一所心仪的学校，也就意味着他淘汰了其他学校。

因此，全纳教育是社会经济和教育水平发展到一定阶段的必然结果，也是教育民主化和教育现代化的重要目标。全纳教育是教育进步的表现，但也对学校教育提出了新的挑战，我们必须着力解决好以下几个问题。

首先，树立全纳教育的理念。无论是公办学校还是民办学校，都要摒弃挑选生源或分流淘汰学生的传统思维。教育工作者要将儿童具有可教性当作基本的教育信念，以教育的包容性和全纳性，来保障每一个适龄儿童的教育权利。随着教育的发展，学校还应当逐步将残障儿童纳入普通教育的序列之中，未来可能不再单独实行所谓的特殊教育。

青岛中学实行十二年一贯制办学模式，在办学之初即承诺："学校为每一位学生的终生发展负责，无论是起始年级入学还是中途插班，所有青岛中学的学生将无条件享受一直到高中毕业的全程教育。"

青岛中学的生源规模是倒金字塔结构，小学阶段的学生规模最小，初中稍大，高中最大，目的就是保证每一个学生都能从一年级读到十二年级，中途不会被分流或淘汰。这与一般学校的做法正好相反。青岛中学的做法是全纳包容，学生一旦入学，学校将全程护航。这不仅仅是为了缓解家长的升学焦虑，也是践行全纳教育的努力与探索。

其次，解决学生学习内动力不足的问题。在全纳教育时代，因为不再有选拔和淘汰的考试，部分学生的学习内动力会有所减弱。学生过去是为考试而学习，为升学而学习，现在这个压力没有了，内动力也会相应下降。这在教育比较发达的国家如美国、日本以及我国的一些大城市均得到了印证。因此，如何激发学生的内动力，便成为未来学校教育的重要课题。在青岛中学，我们以价值引领、目标激励、任务驱动、兴趣开启的方式启动学生的自我系统和元认知，设计有意思、有挑战、有可能、有意义的学习任务，激发学生的学习兴趣，让学生体验成功的愉悦，进而明确学习的价值和意义，提升内动力。

再次，主动适应小规模学校和小班化教学。小规模学校和小班化教学，能够最大限度地实现因材施教，进行差异化教学、个别化辅导、精致化管理、人文化服务。随着社会经济的发展和社区人口的变迁，在有的社区里适龄入学儿童数量减少，导致部分学校的学生规模持续下降。但是我们发现，这些学校并没有因此而主动改变教育教学和管理模式，而是被小班化、被小规模化。规模改变了，教育教学和管理方式却没有变。管理者仍然固守着以前大规模学校的管理方式，组织结构大而全，层级过多，相互掣肘；教师仍然固守着大班额的传统教育教学方式，仍以讲授为主，并未发挥小班化教学和小规模学校的优势。

青岛中学主动实行小班化，每班不超过 24 人，最大限度地实行个别化教育，更多地关注每一个学生。同时，教师在教学中注重讨论、合作、活动与启发，从注重教转变为注重学，尽量发挥小班化教学的优势。

最后，以差异取代差距。在全纳教育背景下学校生源的差异性很大，我们要承认并尊重学生的个体差异，将差异当作一种教育资源，开发分层、分类的学校课程，以课程的丰富性、选择性满足不同潜质学生的成长需求，以教学的个别化来关注每一个学生的不同差异。我们应以三分等待、七分唤醒，帮助学生发现自己，唤醒自己，最终成为更好的自己。

分流淘汰的教育是基于学生之间的差距，全纳教育则是以包容的态度将这种差距视为差异，重新构建学校的包容性和异质性，让不同的学生均获得成长。

| 第二辑 |

教育之弱

教育之弱

> 水虽弱,其力也强,所谓滴水穿石,润物无声,潜移默化。教育之道,亦复如是。

荷兰教育哲学家格特·比斯塔(Gert Biesta)提出了"教育之弱"的概念。他认为,教育是缓慢的、艰难的、受挫的、不确定的过程,教育是一种弱的方式,存在着美丽风险。

是的,教育是弱的。但是,在这个追求速度、效率、确定性的功利时代,人们往往希望教育是强的,要求教育是即时见效的、确定的、安全的、可测量的。

教育是弱的。它不一定立竿见影,也许若干年后才会见效。一位智者曾说过,把在学校里学到的所有东西全部忘光了之后留下来的东西才叫教育。换句话说,教育要在若干年之后,才能显现出它的效果,而且这种影响将是长久的、深刻的。所以,教育需要长期主义。

教育是弱的,它不是万能的。"没有教不好的学生"是教育者的一种信念。教育的目的是激发和引导出学生的无限可能性。教育不是工厂,学生不是产品,教师不是工匠,教育无法批量生产零缺陷的产品。

教育是弱的,它不是塑造和规训,而是发现、引导和唤醒,教育的目的是让学生在教育的过程中发现自己,唤醒自己,最终成为更好的自己。教育的本质是发现和唤醒,教育不是将不一样的学生塑造成同样的人，而是要将不同的学生培养成他们各自独特的样子。

教育是弱的，它不逞强，也不用力过猛。一个组织的管控越强，越像监狱；教育越多，才越像学校。所以在学校中，管理应该退一步，教育应该进一步，我们应当更多地用教育的方式而不是管理的方式解决教育中的问题。

教育是弱的，它不应当功利。好的教育常教无用之学，也许这些无用之学恰恰会影响学生今后的人生。我们今天的教育不仅是培养就业者，更是培养未来生活的创造者。

教育是涵养而不是规训，是润泽而不是说教，是唤醒而不是塑造，是自由而不是管控，是差异而不是统一，是内驱而不是外推……是用人格影响人格，用情操陶冶情操，用个性涵养个性。

是的，教育是弱的，它如水之弱，亦有弱德之美。《道德经》有言"弱者，道之用"，其含义是道在发挥作用的时候，用的是柔弱的方法；道创造万物，并不使万物感到有什么强迫的力量，而是使它们自然而然地发生和成长。这是润泽的力量，是弱德之美。水虽弱，其力也强，所谓滴水穿石，润物无声，潜移默化。

教育之道，亦复如是。

君子如射

> 仁者如射,射者正己而后发;发而不中,不怨胜己者,反求诸己而已矣。
>
> ——孟子

2020年夏口,我邀请多年不见的好友卞贤俊校长来青岛中学。我陪他在校园里参观,我们信步来到射箭馆,看到体育老师正在带领学生训练。卞校长对负责射箭课的范硕老师说,建议在墙上写四个大字:君子如射。

卞校长解释说,射箭不仅是我国古代的六艺之一,而且蕴含着儒家的思想。儒家将射箭作为君子修身的重要隐喻。

《论语》中记载了孔子关于射箭与君子之道的言论:"君子无所争,必也射乎!"这句话的意思是,君子没有什么可与别人争的事情,如果有的话,那就是射箭比赛了。《礼记·中庸》中也有这样的说法:"射有似乎君子,失诸正鹄,反求诸其身。"这句话的意思是,君子立身处世要像射箭一样,射箭的人若射不中,不能怪靶子不正,只能怪自己箭术不行。

孟子进一步总结:"仁者如射,射者正己而后发;发而不中,不怨胜己者,反求诸己而已矣。"这句话的意思是,行仁德的人和比赛射箭的人一样,射箭的人先端正自己的姿态,然后再放箭;如果没射中,不会埋怨那些胜过自己的人,反躬自问罢了。

孟子所说的"仁者如射"的第一层含义是"正己而后发",强调修身从正己开始。品质端正，是做人做事的前提。想要射好箭，首先要身正心静，神情专注，目标专一。

王阳明进一步阐述了"仁者如射"的含义，他说："君子之于射也，内志正，外体直，持弓矢审固，而后可以言中。"他也强调了身正的重要性。

孟子所说的"仁者如射"的第二层含义是"反求诸己"，强调自省。发而不中，不怨靶子，不怨对手，而是反躬自省。事情没有做好，不埋怨别人，反求诸己，向内归因。《论语》有云："君子求诸己，小人求诸人。"向内归因既是一种成长型思维方式，也是一种优良品格，在现代社会尤为重要。

作为一个体育项目，射箭主要不是比体能，也不是练臂力，而是培养一个人的专注力和心理品质。射箭本质上不是和别人比赛，而是和自己较劲，是一种自我修炼。所以，儒家将它作为修身的隐喻，是有一定的道理的。我们青岛中学开设射箭这门课程，也是希望培养学生的专注力，以及不断内省、不断上进的品格。这也是射箭这门体育课所蕴含的核心素养。

2019年9月，莫言老师来到青岛中学，他在学校射箭馆逗留时，尝试了一把射箭。他侧身对靶，左手弯弓，右手搭箭。看他的架势，似乎接受过专业的训练。他笑称自己没有接受过训练，只是看古典小说中的描述，大约是这个架势。他非常赞同在学校里开设射箭这门课程。

不仅仅是射箭，其他体育项目也都蕴含着很多做人的必备品格和做事的关键能力。比如足球、篮球、排球中的协作精神和领导力，乒乓球、网球、羽毛球中的战略思维，田径和游泳中的坚毅，攀岩中的勇气，武术中的自信，击剑中的果敢，等等。这些都是体育学科所具有的学科价值和核心素养。青岛中学目前开设了18个体育项目的课程，学生可以根据自己的爱好和兴趣自由选修。我们开设这么多体育课程，不仅是为了培养学生的健康体魄和运动习惯，也是为了培养学生的意志品质和体育精神。我们希望挖掘不同体育项目背后的核心素养，发挥体育学科独特的育人价值。

一个馒头的诱惑

> 好的教育,应当激发人心中的善,激发人性中美好的一面,小心翼翼地呵护人性中脆弱的一面。

我小时候是个安静腼腆的孩子,出门做客时总是受人夸奖,遂越发乖巧懂事,但也有过不恰当的行为。

记得十二三岁的时候,有一天父亲带我去镇上的姑姑家玩。姑姑的儿子(我的表弟)那天正好不在家,他房间里有个书架,上面有很多《少年文艺》《儿童文学》,我一直在他房间里读书,如饥似渴。吃完饭回家的时候,我偷拿了表弟的一本《少年文艺》和一本《儿童文学》。当时穿的什么衣服我忘了,我将两本书藏在衣服里面,不知道姑姑当时有没有看出来。在回家的路上,父亲好像也没有发现。

我从小喜欢读书,但是小时候家里很穷,我没有书可读。只要能见到有字的纸,我就会找来读。小时候我们家用旧报纸糊墙和天花板,躺在床上的时候,我就读房间墙上和天花板上的旧报纸。所以,当我看到表弟书架上的书时,我非常羡慕,就偷拿了两本。当时我并没有罪恶感,只有兴奋、紧张和满满的获得感。

我估计姑姑当时一定发现了,只是不愿意让我难堪罢了。现在想想,如果姑姑当时发现并揭穿了我,会是什么情况?这会给我年少的内心造成什么影响?是否会破坏我好孩子的形象,让我从此自暴自弃?

我至今仍感谢姑姑没有当面揭穿那个爱读书的少年。有些孩子犯错，可能只是出于一时的私心贪念，一念之差做了一些出格的事情，但这并不是他一贯的品行，只能说明他的道德认知发展还不够成熟。

这是我平生唯一一次偷窃，后来上中学时学习鲁迅先生的《孔乙己》，看到孔乙己说"窃书不能算偷"，我便释然了。再后来，我念大三的时候，从学校图书馆借来李泽厚的《美的历程》，读完后特别喜欢，爱不释手。当时在书店我买不到这本书，便想将它据为己有。于是我到图书馆问询，如果将借的书弄丢了怎么办，回答是要缴纳书价数倍的罚款，于是我只好作罢。最后，我几乎把这本书抄了下来。这时候我已长大了，虽偶尔有私心贪念，但已经能够理性地控制自己的行为了。

周国平先生也曾述说自己幼年时的不轨行为。他说："如果一个孩子足够天真，他做坏事的心情是很单纯的，兴奋点无可救药地聚集在那件事上，心情当然紧张，但没有罪恶感。"[①] 他庆幸自己的不轨行为未被发现，没有遭到打击和羞辱，没有在成长过程中留下阴影。"这就好像一个偶尔犯梦游症的人，本来他的病完全可以自愈，可是如果叫醒他就会发生严重后果。"[②] 周国平先生独到的见解，把所有顽童的"原罪"都赦免了！

后来我上高中时，发生过一个说谎未遂事件。我当时是在离家五公里的镇中学寄宿读书。每周我自己带米带菜，六斤米（可以换成一个星期的饭票）和母亲腌的咸菜，就是我一周的粮食。我给自己规定每天吃一斤米，其中早上三两稀饭，中午四两米饭，晚上三两米饭。当时我正长身体，饭不够，加上菜的油水少，我每顿都吃不饱，总是处于饥饿状态。

每天上晚自习时，值班老师都会帮助有需要的同学去食堂买馒头。那馒头可真香啊，整个教室的同学都能闻到刚出锅的馒头的香味。班里大约有一半的同学会委托值班老师买馒头加餐，我没有钱，也没有多余

---

①② 周国平.岁月与性情：我的心灵自传[M].北京：北京十月文艺出版社，2020: 52.

的饭票，所以从来没有买过馒头。

有一次，老师发完馒头后举着剩下的一个馒头，对全班同学说："怎么还多了一个馒头，这是谁的呀？"教室里无人应答。这时候我的心动了一下，我想："是不是食堂师傅多给了一个馒头？既然没人要，我可不可以说是我买的呢？"这个念头一动，我的心就扑腾扑腾地跳，脸涨得通红。我纠结着要不要举手。我太想吃这个馒头了，馒头的麦香味实在太诱人了。

就在我鼓起勇气准备举手时，老师说："这个馒头是我自己买的，我是故意考验你们的。"

我听完后直冒冷汗，浑身冰凉。幸亏我没举手，否则就要丢脸了。饥饿和馒头的香味让一个品学兼优的学生产生非分之想，差点儿有了不轨之举。

是的，饥饿事小，失德事大。我要是说谎被老师当场揭穿，在同学们面前颜面尽失，我估计就要找个地洞钻进去了。

回想起这件事来，我并不怪罪我的老师，老师当时可能只是和我们开了个不大不小的玩笑。我现在自己做老师了，我从中吸取教训。反思之后，我觉得老师不应该去考验一个穷孩子脆弱的道德，否则既有违为师之道，也有违教育伦理。

后来我在杂志上读到一篇文章，这篇文章的主旨也是不要随便考验人性。丹麦著名医学家、诺贝尔奖得主尼尔斯·吕贝里·芬森（Niels Ryberg Finsen）晚年想培养一个接班人，他从众多候选者中选中了一位年轻医生，但他担心这个年轻人不能在十分枯燥的医学研究中坚守。芬森的助理提出建议：让芬森的一个朋友假意出高薪聘请这位年轻医生，看他会不会动心。然而，芬森却拒绝了这个建议。他说："不要站在道德的制高点上俯瞰别人。这个年轻人出身于贫民窟，怎么会不对金钱有所渴望？我们如此设置难题考验他，一方面给他一个轻松的高薪工作，另一方面又希望他选择拒绝，这就要求他必须是一个圣人。"①

  是的，人非圣贤，皆有弱点，人性经不起考验。日本作家东野圭吾曾说过，世界上有两样东西不能直视，一是太阳，二是人心。人心不能被直视，是因为人性有很多幽暗面。在学校教育和管理中，我们不能利用人性的弱点去考验人性，这样有可能把人性中恶的一面激发出来，将人性中阴暗和不堪的一面展现出来，这是对人性的伤害。好的教育，应当激发人心中的善，激发人性中美好的一面，从而抑制人性中恶的一面。这是教育的伦理意义，也是管理的伦理意义。

---

① 宛丘. 不要用简单的方式考验人性 [J]. 咬文嚼字，2016(6): 60.

师忆

> 老师当年所教的知识，我已几乎全然忘却，留在记忆之中的是他们的为师之道，是他们做人、做事、做学问的风骨与品格，是他们对学生的一份真爱之心。

一、我的小学启蒙老师

教者亦有师。我从教为师已经三十多年，更能体会为师者的酸甜苦辣，也更加经常地忆起自己的老师。

小学前三年，我在家门口的村小上学，只记得入门老师是下乡知青，他个子很高，可以在堂屋里跃上半空去撑吊环，其余我皆无印象了。

记忆中我的学生生活似乎是从小学四年级开始的。四年级时，我去大队部的完小河北小学读书，教我们的是周胜校长夫妇，校长教语文，校长夫人刘老师教数学。上小学时我的数学成绩好，刘老师很偏爱我。老师当年所教的内容，我已几乎全然忘却，但我始终记得，那时的冬天特别冷，课间刘老师会叫上我和其他几个同学去教室隔壁她家里，刘老师往脸盆里倒热水，然后让我们将冰冷的小手泡在热水里取暖。那一份温暖至今还在我心里。此后经年，我每遇世情凉薄，想起当年那一份心底的温暖，仍感怀不已。

每逢春节，母亲都会让我提一包红糖去给两位老师拜年，我也曾请老师来我们家吃饭。周胜校长夫妇教了我两年，应该是我真正的启蒙老师。我小学毕业后，周胜校长夫妇调往别处工作，此后再无消息。我考上大学的时候，父母提起要请小学老师来家喝喜酒，却已联系不上了。两位老师教我的时候四十多岁，现在应该八十多岁了，祝老师身体安康。

二、我的初中恩师

我读初中二年级时，刘乐平老师从外地调来我们这所公社初中，任我们的班主任兼语文老师。每天语文课的最后几分钟，刘老师都会在黑板上写一首古诗词，给我们讲解大意，让我们抄背。陆游的"红酥手，黄縢酒，满城春色宫墙柳……"等诗词，我们就是这样背会的，这也算是刘老师对我们的古典诗词启蒙。

刘老师特别爱书，每次上课，都会带一两本文学著作展示给我们，但并不让我们翻看，只是展示一下，大致介绍一下内容。我就是在这样的课堂上初睹《牡丹亭》《巴黎圣母院》等书的真容。刘老师说起他买书、藏书的故事，经常是眉飞色舞，陶醉其中。他说在家读书之前都要洗手焚香，甚至戴上手套。这使我这样的乡下孩子很是震撼，也初生对书的敬惜之意。

刘老师曾借给我《朱自清散文选》，让我背诵《荷塘月色》等文章，等我还给他时，书边已经起毛了，刘老师似乎也没责怪我。后来上高一后，我发现语文课本的第一篇课文就是《荷塘月色》，我早就会背啦，而且立马看出教材编者删掉的句子。刘老师经常让我在全班示范朗读课文，记得有次我将"桅杆"的"桅"读成 gui，刘老师也没当面纠正，给我留足了面子。

每到寒假，刘老师都会让我和另一个同学去他家，帮他誊抄学生评语和成绩，成绩单上的评语是刘老师手写的，我们再帮他誊抄到学籍表上。刘老师的字写得好，我们也跟着模仿。中午就在刘老师家吃饭，师母照例会做一份红烧鲫鱼、一份青菜豆腐锅仔，热气腾腾，我吃得可香啦。

前些年我回乡和同学一起去看望刘老师，刘老师中风后腿不太方便，但他还是出门走出好远来接我们；刘老师爱酒，但中风后师母不让他喝，那天中午他却一定要陪我们喝白酒。

翌年冬天，刘老师给我打电话，希望我元旦回去给他儿子证婚。等我元旦赶回去，刘老师却不在婚礼现场。原来他因为忙于新房的装修和筹备儿子的婚礼，连日劳累，再次中风。我去医院看他，见他精神还好。我离开后的第四天接到电话，刘老师走了。我立即赶回去参加刘老师的葬礼。刘老师新婚的儿子儿媳跪在灵前，让人心酸不已。

送走刘老师，我们去刘老师的新家看望师母。刘老师家里的书还是那么丰富，那么整齐。师母告诉我们，有一年发大水，刘老师的藏书全都被淹了，这些是后来买的。我抚摸着这些书，想着刘老师不在了，心里很难过。临走时，师母特地给我一小坛自己腌的香菜，说是刘老师生前腌的，原准备等我春节来看他时给我。闻之落泪。师生之情，自此断矣。

三、我的高中语文老师

我去镇上的中学读了两年高中，俞晓红老师是我的语文老师。在第一节课上，她用极其标准的普通话为我们朗读了朱自清的《荷塘月色》，一下子把我们镇住了。俞老师是我学生生涯中遇见的第一个科班出身的老师。她16岁上大学，安徽师范大学中文系毕业，教我们时刚刚大学毕业不久。俞老师的专业功底深厚，教学方式新颖。教现代文时，她让我们根据她设计的问题自主阅读；教文言文时，她从不拘泥于字词对译，而是注重语感培养；写作课更是开放，她让我们自拟文题，自主写作。

俞老师喜欢研究《红楼梦》，她的本科毕业论文《任是无情也动人——试探曹雪芹笔下的薛宝钗情感世界的发展》发表在1983年的《红楼梦学刊》上，这自然让我们这些乡下学子深为敬佩。我们私下议论，俞老师的名讳是"晓红"，大约也有通晓红学的寓意。

上高中时我的语文成绩似乎是各学科中最好的，所以高考时我自然想选报中文系。1985年的语文高考试卷好像比较难，考完后，俞老师问我能考多少分，我说估计不到100分（当年好像满分是120分），俞老师的脸色一沉，我知道她很不满意。于是我将考得不错的历史作为第一志愿，将中文作为第二志愿。后来我被安徽师范大学历史系录取，才知道我的语文高考成绩在全县中算是高分。

上大学之前，我告诉俞老师，我一点儿也不喜欢历史，还是想学中文。俞老师于是写了一封亲笔信，让我转递给她在安徽师范大学留校任教的同学，请他帮忙问问能否给我转专业，并且给我一袋安徽水东蜜枣作为礼物让我一并转交。后来得知，转系需要多读一年。我考虑到家庭经济条件不许可，遂作罢。2015年10月，俞老师邀请我给安徽师范大学中文系的学生做讲座，我说起这段往事，俞老师却笑着说她已经不记得了。

俞老师现在在安徽师范大学做教授，专研红学。她的学问越来越深，气质越来越好。

四、我大学时代的业师

刚上大学时，我就知道历史系有几位先生非常有名气。幸运的是，这些先生基本上都给我们上过课。记得陈怀荃先生教我们历史和地理，陈先生清瘦矍铄，当时有六十多岁了，仍是孜孜矻矻，非常严谨。

叶孟明先生记忆力过人，被称为"活字典"。他教我们历史文献课。叶先生是安徽桐城人，方言极重，北方的同学大多听不懂他上课时说什么，我祖籍安庆，听课自然没有障碍，反觉亲切。他讲到得意处，常常自顾自地朗声大笑，全然不管是否有人在听他的课。叶先生嗜烟，除了上课，你任何时候见到他，他的嘴上都叼着烟，而且一直叼在嘴上，也不影响他讲话，冬天时他双手笼袖，烟不离嘴，也是一个绝活。叶先生为人和蔼，和学生的关系也非常好。

杨国宜先生治唐宋史，常有独到见解。因为他指导我毕业论文的关系，我多次去他家请教。他家中陈设简单，四壁皆书。杨先生非常勤勉，我当时在系学生会工作，常常见到杨先生最后一个离开系资料室。后来我报考中山大学宋史专业研究生，杨先生还专门为我写推荐信。我后来被分配到中学工作，他还写信鼓励我继续报考研究生。

王廷元先生给我们讲课时间最长，从宋朝讲到明清，讲了半部古代史。王先生身材高大，背略有点儿驼，冬天时系一条长围巾，手里拿一支烟斗，非常儒雅。当时是四节课连着上，一上就是一上午，王先生当时年近六旬，但中气很足，在一百多人的大教室里他的声音也能抵达后排。王先生上课很有激情，语言干净，表达流畅，而且非常幽默。他讲到激动时慷慨激昂，念到"十四万人齐解甲，更无一个是男儿""八百孤寒齐下泪，一时南望李崖州"时，满腔悲愤之情喷涌而出。20世纪80年代，王廷元先生与张海鹏先生一起收集明清时的徽商资料并汇编出版，这是我国徽商研究的奠基性工作，厥功至伟。

万绳楠教授大名鼎鼎，我们一进校就闻其名。我上大三的时候，万先生给我们开设"魏晋南北朝史"选修课，我们终于一睹先生的风采。万先生中等身材，微胖，面色红润。他上课时天马行空，洒脱自如，一看就是智商极高之人。他常常朗声大笑，率真随性。他上课时说，我国现在研究魏晋南北朝史有两个半人，一个是谁谁谁，另一个是谁谁谁，还有半个人呢，就是他自己了，说完他又大笑起来。

万先生认为曹操的《短歌行》是两个人的对唱，他的见解独树一帜。

万先生在课堂上告诉我们，他写文章从来不改，基本上都能一遍成功；他说他用一只手摇着摇篮里的孙子，用另一只手写作。

万先生早年在西南联大历史系读书，吴晗、翦伯赞是他的老师。大学毕业后，他考取清华大学历史研究所，师从史学大家陈寅恪，为陈寅恪的关门弟子。20世纪80年代中期，学界希望找到当年陈寅恪在清华大学的授课笔记，陈门弟子皆无保存，万先生说他有，遂整理出版《陈寅恪魏晋南北朝史讲演录》，这成为研究陈寅恪极为珍贵的资料。

张海鹏教授是我国明清史专家，我国徽学研究的奠基人和开拓者。他给我们上课时，已经是安徽师范大学的校长了，但他坚持给我们本科生开设明史选修课。他确实很忙，上课时，秘书常常拿着文件站在门口等他批阅，他批阅后接着上课。

张先生与万先生的讲课风格正好相反，万先生是天马行空，张先生是严谨中正。张先生上课前，会先在黑板上抄写一段史料，然后开讲，条分缕析。张先生的板书小楷，极其秀美工整，如同其人。张先生身材颀长，腰板笔直，头发花白，声音略显沙哑。"望之俨然，即之也温，听其言也厉。"这句话正是这样一位谦和儒雅的学者的写实。

上大三时我因为要写毕业论文，专门写信给他请教一个问题，很快收到他的回信。张先生虽然给我们上过课，但没有和我单独交流过，所以我本没有指望他一定能回复。张先生的回信很长，满满三页纸，蝇头小楷，一丝不苟，虽有修改，却无一丝潦草痕迹。文末张先生还鼓励我："爱因斯坦说过，提出问题比解决问题更重要。希望你在日后研读历史的时候，能多提出些有价值的问题。"

令我感动的是信末落款："88.3.2 晨"。我依稀看到，在那个早春的清晨，张先生披衣伏案，给一个并不熟识的学生写一封长长的回信。

1999 年 10 月，我回校再次见到张先生，他关切地问询我的情况。当时张先生做了白内障手术，视力不好，但精神还好，腰板还是笔直。没想到第二年 9 月张先生就离开了我们，享年 70 岁。

安徽师范大学历史系的这些大师给我带来很深的影响。这批大师虽然离去了，但他们留下的精神气质，永远涵养着安徽师范大学历史系的师生。

五、我的两位导师

我大学毕业十年后又回到安徽师范大学，到教科院脱产一年，在职攻读教育硕士学位，我的导师是年近七旬的张履祥教授。张教授精力特别好，给我们上课，一站就是一上午。张教授待人特别温和，做研究却特别严谨。

我自感张教授对我偏爱，对我的论文答辩倾心尽力，我觉得这已经超过了老师对学生的情分，俨然是慈父对儿子的情感。我跟随先生求学，不仅学会了研究的方法，更受到先生做人的影响。他对学生的真爱，让人难以忘怀。

张教授退休后去了青岛女儿的家。2017年我正好到青岛工作，在国庆长假去看望先生。当时先生已经80高龄，但却面色红润，步态轻盈，一点儿没有变化，仍是六十几岁的精神和身体状态。老师亲自下厨，做了一席丰盛的家乡风味的菜肴。看到老师和师母身体如此之好，我甚为欣慰。元旦我再去看他，先生在海边酒楼请我吃饭，他担心我找不到地方，特地提前手绘一幅方位指示图发给我。先生的字还是如当年一样，一丝不苟，严谨规范，恰如他一生的为人。

2011年我到北京师范大学攻读教育博士学位，导师是石中英教授。石老师比我年长两岁，却已是"长江学者"特聘教授、教育哲学领域的领军人物。石老师是黄济先生的得意门生，深得黄济先生的厚爱。2013年我曾和石老师提出，能否带我去拜访黄先生。石老师答应有机会带我去拜访黄先生。2015年1月，黄先生离世，我的愿望再也无法实现。

石老师学养深厚，并深得黄济先生真传。他的学问纯正，不媚俗，不追风，中正质朴，如黄钟大吕，正大庄严，有镇鼎之力。

石老师的为人也十分宽厚。我在论文写作最困难的时候，常常搁笔多日，迟滞不前，曾数次想放弃，甚至有毁稿之念。石老师开导我："论文不是写出来的，是研究出来的。"一语中的，让我如梦初醒。

论文初稿完成后，我交给石老师审阅。我对石老师说："论文有十几万字，您大致翻一下就可以了吧，不用细改了。"他正色道："这哪里是导师的样子呢？"石老师精心批阅，从立论到方法、从标题到内容、从文字的语法到标点，一一修改批注。石老师当时提出我的论文在语法和标点方面多有不规范之处，我觉得不太服气，后来仔细琢磨石老师的修改，才发现自己的问题所在。难怪石老师的文章被选为高考语文阅读材料，可见其文字功底之深厚。

博士论文答辩的时候，我已经来到北京工作。答辩会上，石老师在祝贺我之后，郑重地批评了我，他说本来是想培养一个教育博士为安徽教育做贡献，没想到我却来北京了。批评归批评，我到北京后石老师对我的工作和生活关心备至。

六、先生之风，山高水长

在我求学的过程中还有很多老师教我求知和做人。在我工作的这三十多年中，很多领导和同事也是我的老师，教会我很多做人做事的道理。

回忆我的老师，我再次想起那句话：一个人毕业多年以后，将学校里教师教的内容全部忘却以后留下来的东西，就是教育。老师当年所教的知识，我已几乎全然忘却，留在记忆之中的是他们的为师之道，是他们做人、做事、做学问的风骨与品格，是他们对学生的真爱之心。这也正是我作为一名老师应该学习和传承的。

"云山苍苍，江水泱泱，先生之风，山高水长！"

教师职业的三重悖论[1]

> 教师是燃灯者,点燃学生内心的成长之光;教师是摆渡人,将一批又一批学生渡向理想的彼岸。

我 20 世纪 80 年代末开始从教,到现在已有三十余年。回顾自己的教学生涯,常有一入教门深似海的慨叹。在教育生涯中,我经常将自己定位为燃灯者,或者摆渡人。

教师是一种特殊的职业,具有内在的社会性悖论:教是为了不教,管是为了不管,爱是为了放飞。我们要做一个称职的教师,应当在这三重悖论的张力中摆正位置,处理好教与学的关系、管理与教育的关系、爱与严格要求的关系。

一、教是为了学

教是为了不教,这是一个悖论,也是一个教育常识。建构主义学习理论认为,一切教育本质上是自主教育,一切学习本质上是自我建构。当然,教育和学习并不会自动发生,需要教师的引导。

---

[1] 本文发表于《中国教师报》2021 年 11 月 17 日第 13 版,收入本书时有修改。——编者注

教师是一个燃灯者，"传道受业解惑"，目的是引导学生学会学习，所谓授人以鱼不如授人以渔。特别是在信息社会，知识的更新迭代速度加快，培养学生的自主学习能力，让学生学会学习，成为教师的重要任务和目的。我们从来没有像今天这样重视和强调学习。

为未来而学，为学习而教。换句话说，教是为了不教，教是为了学。教永远只是手段，学才是目的，教为学服务。但是，我们教师往往在教学中将手段当作目的，将教师自己当作中心；在教学设计中往往偏重于教师的活动；追求的往往只是教的效果而非学的效果。

其实，教了不等于学了，学了不等于会了。所以，在教学中，教师必须关注学生学得如何，而不是自己教得如何。课堂不是教师表演和展示自己的舞台，而是学生学习的场所。学生是课堂的主体，课堂上最努力的人永远应当是学生，而不是教师。教师必须改变以教为主的方式，从关注教到关注学，努力将课堂转变为能够促进所有学生有效学习的空间。

当然，从教走向学，并不是教师角色的弱化或边缘化，而是教师角色的转变。在教与学的过程中，教师发挥着不可替代的作用。我们不能以教代学，而是要为学而教，不能错把手段当目的。教师应当是学生学习的设计者、组织者和引导者。教师的努力和功力体现在学习设计上：设计学习目标、核心任务、资源与工具、诊断与评价。而在课堂上，教师则担负着组织和引导学生学习的职责。

有人说，"教之于学，犹如卖之于买"。我非常认同这句话。别人没有买你的东西，就不能说你卖了。没有学习的行为发生，就不能说教完成了。因此，教师的全部着眼点应该集中于此：教是为了学，让学习真实地发生。

二、管教是为了自主

儿童受教育的过程就是他成长的过程，也是他走向自由、自律和自主的过程。正如 19 世纪德国教育家弗里德里希·福禄培尔（Friedrich Froebel）所说："这自由和自决便是全部教育和全部生活的目的和追求，也是人的唯一命运。"①

教师对学生的管教必须基于这个目的：培养学生自律与自主的能力，并让学生能够更好地使用和享有自由的权利。如果离开了这个目的，教育就成了管控和压制，也就走向了教育的反面。

比如，我们如果因为担心学生不能正确使用电子产品，便禁止学生在学校里携带和使用电子产品，这种管控行为，只能消灭问题，并不能解决问题，在短期内有效，从长远来看，未必有益。这样的做法不是教育的行为，因为这并不是在培养学生的自主能力与自律品质，只是培养学生表面的顺从，甚或造成内心的叛逆。当有一天学生失去外在管控的时候，他们可能仍然不能正确使用电子产品，甚至会报复性反弹。这样一禁了之的简单做法，不仅限制了学生使用电子产品的自由与权利，而且剥夺了学生接受教育的机会，剥夺了学生成长的权利与机会。

学校教育的目的就是让学生学会选择、学会失败，并在选择中学会负责任，在犯错误中学会成长。学校教育的目的是让学生学会使用自由，并在自由中学会自律。一个没有自由的人是可悲的，一个不会使用自由的人是可怕的。学校教育应培养学生从自律走向自主。学生真正的成长一定是来自内在的自我控制，学校教育应通过正面管教，培养学生内在的责任感和自我价值感，进而培养其自主管理能力。

在学校教育实践中，我们往往容易走向两极。一种倾向是管控过度，教育不足，培养的是奴性的顺从或叛逆；另一种倾向是管教缺位，过于骄纵和放任学生，错把放任当作静待花开，放弃了教育者的教育职责，培养出来的是温室里的花朵。

教育既不是管控，也不是放任。好的教育是通过正面管教，培养学生的自律与自主。他律只是手段，自律才是目的；管是为了不管，管理

---

① 福禄培尔.人的教育 [M].孙祖复，译.北京：人民教育出版社，2001：11.

的目的是学生能够学会自主管理。

三、爱是为了放飞和远离

爱是教育的前提，没有爱就没有教育。但是教师对学生的爱不同于父母对子女的爱，它是一种更加理性的爱，是有距离的爱，是为了放飞的爱。

前段时间，因为工作安排，一位刚从教不久的教师需要离开原来的年级，接受更加重要的任务。她和学生的感情很深，离别之际，她和孩子们都哭了。她给我写了一封很长的信，表达了她对学生的深深不舍。我给她回了一封信加以劝慰：

我一早读完你的信，特别能理解你对学生的感情，你的信也勾起了我刚工作时的回忆。我1989年任初中一年级五班班主任。这是我工作后带的第一届学生，也是唯一任班主任的一届学生。后来，我因为从事学校管理工作，再没做过班主任了。学生们三年后毕业升入高中，然后上大学，我非常失落，可以说整整失落了15年，经常梦见他们。一直到2004年春节，我将他们从天南海北召回来，请他们吃饭。我对他们说："你们有许多老师，我只是你们众多老师中的一个，而你们是我唯一的学生。"在这次聚会上，我看到他们都长大了，便释然很多，也就不再梦见他们了。后来我读到一句话："世界上所有的爱都是以聚合为目的，只有一种爱，是以分离为目的，那就是父母对孩子的爱。"我觉得老师对学生的爱也是如此。于是，就更加释然了。

是的，作为教师，我们必须爱学生。苏联教育家马卡连柯说，没有爱就没有教育。陶行知先生说，教育就是背着心爱的人游泳。这份教师之爱是教育的前提。但是教师对学生的这份爱心，不是溺爱，更不是自私之爱，而是需要教师以专业的理性去对待的美好情感。

铁打的营盘，流水的兵。教师的职责就是培养一批又一批学生，让他们长大成人，离开母校，飞向远方。教师是燃灯者，点燃学生内心的成长之光；教师是摆渡人，将一批又一批学生渡向理想的彼岸。

教是为了不教，教师的教是为了学生的学；管是为了不管，管教学生的目的是培养学生的自主管理能力；爱是为了放飞和远离。这是教师职业的三重悖论，在这些悖论之中蕴含着教育的真谛。处理好这三重悖论，也是教师提升专业水平的必修课。

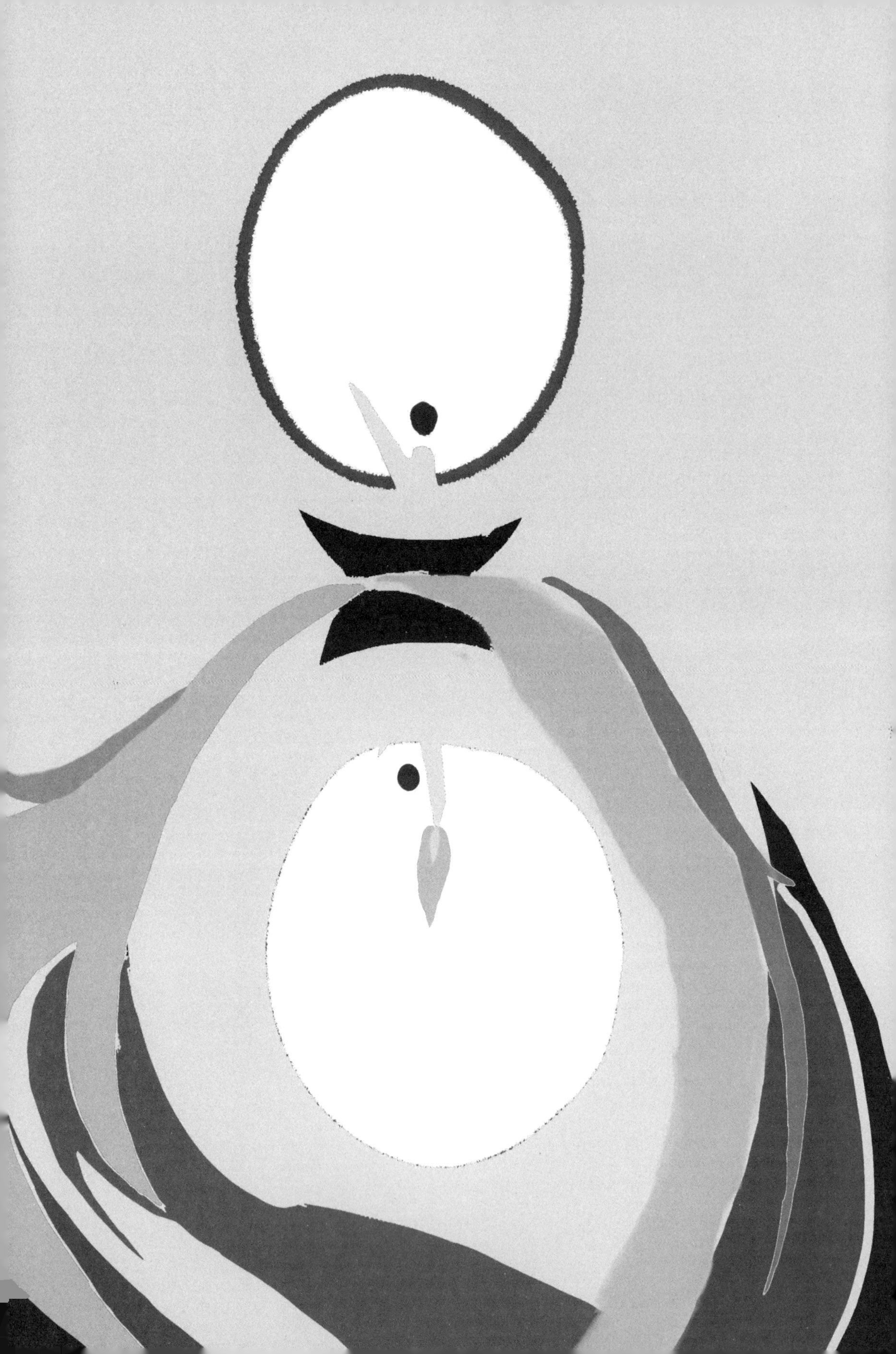

给学生一个回忆和怀念学校的理由

> 创设有意义、丰富多彩的教育生活,创造有深刻体验的难忘瞬间,创设有温度的教育记忆,给学生一个回忆和怀念学校的理由。

我们经常可以在网络上看到这样的帖子:"上××学校是一种怎样的体验?"很显然,学生非常在意自己在学校的生活体验。是的,学校不仅是学生学习的地方,也是学生生活的地方。教育即生活,创设有意思、有意义的校园生活,正是教育的应有之义。

一位哲人曾说过,当你把学校里学到的东西都忘掉以后,剩下的就是教育。从这个意义上讲,我们似乎可以说,所谓教育,就是那些沉淀于心、让人难以忘怀的东西。记忆来自体验,我们在创设校园生活时,应当特别注重为学生创造丰富而深刻的体验,这些有意义的具身体验将会成为学生日后温暖的记忆,永久地储存在学生心中。

一、精心设计有意义、有意思的教育活动

我们知道,虽然学生大部分时间待在教室里,但是学生铭记于心的却是运动会、音乐会、学生会选举、游学、毕业舞会等活动。所以,我们在组织这些活动时,要进行创意设计,让这些活动既有意思,又有意

义,既有情感的冲击,又有教育的力量。

青岛中学每学年对全体学生进行一次问卷调查,统计最受学生欢迎的十大活动。2021年最受学生欢迎的十大活动分别是跨年狂欢节、新年音乐会、校园舞蹈大赛、泼水节、青中影院、开学典礼、青博会(青岛中学学习产品博览会)、学部趣味运动会、音乐嘉年华、技术节等。

其中,跨年狂欢节的得票比例高达75.5%。跨年狂欢节是在每年的12月31日举办,学校每年都要设计一个有意义的主题。在跨年狂欢节的开幕式上,除了全校师生的精彩走秀以外,最受众人期待的是"十事实办"项目发布会,策划团队的同学每年都要精心设计具有新意的发布仪式。开幕式后,各类游戏、戏剧专场、狂欢节集市等活动纷纷登场。跨年狂欢节的意义在于创设一个师生平等、润滑师生关系的机会,例如,在师生角色扮演(cosplay)的走秀活动中,学生甚至可以为自己的老师设计所要扮演的形象,这些活动可以拉近师生之间的心理距离。

除了这些有意思的校园活动以外,我们还为学生举办10岁成长礼、14岁青春礼、18岁成人礼、毕业礼、人生规划发布会等有意义的教育活动,引领学生的价值取向,在重要的年龄节点上提升学生的成长意识和自我责任感。这些教育活动会给某个日子赋予意义,使这一天与众不同,成为学生漫长校园生活的难忘瞬间,成为学生的集体记忆。

二、为学生创设个人专属的高光时刻

每个学生都是具体的个体,个体的具身体验会让人长久地铭记于心。所以在学校教育生活中,我们要尽可能地关注学生个体的体验,利用特定的机会,为学生打造个人专属的高光时刻和荣耀瞬间,创造个体的巅峰体验。

比如,青岛中学小学部组织"为每一个孩子办一场个展"活动,让每一个孩子都有展示自己精彩的一面的机会;我们还为具有不同才艺的学生举办艺术专场。学科教室里有学生的优秀作业展,教室外面的走廊上挂着学生的艺术作品。我们特别注重"每一个",在毕业典礼上,校长为每一位同学颁发毕业证;我们为每一位同学单独举办人生规划发布会;我们精心设计每年开学典礼上的奖学金颁奖活动,让每一位获奖同学充分体验成就感和荣誉感;在18岁成人礼活动中,我们请每一位同学走过成人门,接受家长和教师的祝福。在学校里,每一个学生都是独一无二的个体,只有真正关注到每个个体,才是真正地关注了全体。每一朵浪花都会澎湃,每一种色彩都会炫目。

组织这些校园活动时,创设与他人连接的教育场景非常重要。人具有社会性,这些高光时刻也同样具有社会性。学生个人的高光时刻一定要被别人见证和分享,和他人产生连接。在成人礼活动中,我们让每个学生在父母的陪伴下走向成人门;在每年的奖学金颁奖礼上,每位获奖者可以邀请一位陪伴者共同走红毯,还可以再邀请一位颁奖者(可以是学生的父母、老师或同学),共同见证和分享自己的荣耀瞬间;我们会邀请学生的父母、老师和同学参加高中学生人生规划发布会,共同见证他们对未来的承诺。

我们会邀请学生喜欢的社会人士参加每年的开学典礼,给学生做开学演讲,给年度荣誉学生颁奖,并和学生一起敲响新学年的铃声。几年来,我们先后邀请过诺贝尔文学奖得主莫言老师、奥运会女子重剑个人赛金牌得主孙一文、北斗卫星导航系统研发团队专家刘杨斌等来学校参加开学典礼。学生和名家大师近距离接触,产生有意义的连接,这将成为他们未来珍贵的回忆。

三、给学生一个回忆和怀念学校的理由

人们回忆自己的母校时,总是会想起特定的老师或同学。因为一个人,而怀念那段时光,怀念自己的母校。所以,创设有意义的学校生活体验从根本上说,就是创设有温度的学校人文环境,给学生一个回忆和怀念学校的理由。

师生关系、同伴关系影响着学生在学校的体验和日后的回忆。这些人际关系构成了学校的人文环境、精神空间和文化氛围。所以，校园生活的美好体验和温暖记忆，主要是根植于有温度的学校人际关系和精神氛围。

在青岛中学，在师生关系层面，我们倡导民主、平等的师生关系；在师生的个人品格修养方面，我们提倡诚信、感恩和爱的个人品质；在学生的行为与精神层面，我们倡导自由、自律、自主，我们希望青岛中学的学生思想自由，行为自律，人格独立，身心舒展，自由呼吸，在自由和自律的基础上，培养自主学习、自主规划、自主管理的能力。

这些要素构成了青岛中学校园生活的人文底色，逐步形成了学校的品格与精神气质。也正是这些要素，成为学校的文化基因和密码，给每一位师生的精神气质打下了深深的青中烙印。

青岛中学2021年有了第一届高中毕业生。学生毕业后，陆续撰文回忆母校生活的点点滴滴。

我现在在济南上大学，常常回想起青岛海边熟悉的风、高中教室里四年的学习经历以及毕业典礼上自己写下的那句"仍念兹沃土"。那里是一片自由自在的广阔天地，有一群有着独立个性的同学。正像校长所说，从某种程度上说，我虽然离开了母校，但我和青岛中学终究还会再遇见。（李同学）

开学已三个多月，我也早已适应了大学生活。每每回想起青岛中学的种种，我便深觉幸运与感恩。自由、自律、平等、尊重、诚信、感恩、爱……我们在青岛中学成长，也见证了这所学校的成长。青岛中学不仅是我的母校，更是我行走一生的徽记，与众不同的文化基因早已深深嵌入我们体内。（王同学）

未来，我会继续带着青岛中学赋予我的自由、自律、自主、诚信、

感恩、爱，为祖国医药卫生事业的发展和人类身心健康奋斗终生！（纪同学）

　　…………

　　读着他们回忆母校的文字，我感触良多。一所学校究竟教给了学生什么？或者说一所学校留在学生心灵深处的究竟是什么？学校空间对学生的精神气质和个性品质产生了什么样的影响？这些正是我们学校教育工作者需要长久思考的问题。

　　在我看来，学校是学生学习的地方，也是学生生活的地方，学生成长的地方。所以在学校教育中，我们除了要给学生提供丰富的课程和高品质的教育教学外，还要为学生创设有意义、丰富多彩、从容自然的教育生活，创造有深刻体验的难忘瞬间，创设有温度的教育记忆，并在这个过程中，培育学生丰盈的精神世界，涵养学生的精神气质，培养学生的个性品格，这是校园生活的意义所在，也是学校教育的意义所在。

创造让人怦然心动的教育瞬间[①]

> 学校仪式要有情感的冲击力，让人怦然心动的同时深受教育。

学校仪式是教育的重要载体。它以象征性的文化符号、打动人心的情感体验和升华的价值引领，发挥着独特的教育功能。在学校教育中，如何设计学校的典礼仪式，彰显其积极的教育力量，是一个既旧又新的课题。

一、既创造教育记忆，也创造教育意义

从某种意义上说，仪式就是创造记忆，它让此刻变得与众不同。

换句话说，学校仪式活动的设计和举行，应当新颖、独特、别具一格，让人记忆深刻，甚至能够创造师生的集体记忆，进而沉淀为学校文化的一部分。

2020年青岛中学的小学毕业典礼上有一项创意活动：校园露营。入夜时分，学生在学校操场上自搭帐篷，点亮油灯，开启露营之夜。学生觉得非常新奇，三三两两，或在帐篷内读书，或在星空下畅谈，度过了

[①] 本文发表于《新课程评论》2021年第3期，收入本书时有修改。——编者注

一个难忘的帐篷之夜。

这使我想起20世纪80年代，原上海市建平中学的冯恩洪校长首创国庆通宵主题活动，一时传为美谈。时至今日，这项具有建平特色的校园文化活动，仍然在每年一度的国庆之夜，在建平中学的校园内如期举行。这个三十多年来经久不衰的经典项目已成为建平文化的一部分，成为建平学子的共同记忆。

2019年6月12日，山西省朔州市朔城区一中的班主任兰会云老师，带领刚刚结束高考的11名学生，以骑行的方式，开启了一场特殊的毕业典礼。他们一共骑行17天，途经四个省，行程1800公里。这样的毕业典礼让学生终生难忘。

在曾国俊先生创办的道禾实验学校，小学生毕业前要登上3800多米的高山，跋山涉水走四天三夜；初中生毕业前要爬10天雪山；高中生毕业前则要全班合力造一条船，然后坐自己造的船出海。这给学生带来了巅峰体验，留下了终生难忘的记忆。仪式就是将学校里一些不平常的事情设计成意义非凡的活动，镶嵌在学校的日常生活中，深深地刻在师生心里，成为所有人美好的记忆。

所谓历史和文化，就是关于过去的记忆。教育也是如此。学校教育过程中那些让人深刻于心、难以忘怀的记忆，就是教育本身。学校仪式的目的正是创造这些教育记忆，让师生有意识地体验、珍惜和记忆生活中的特殊时刻。

记忆之所以能够成为教育，关键在于附着于记忆之上的教育意义。所以，学校仪式教育，既要让学生记忆深刻，更要蕴含教育意义。

比如，开学典礼蕴含的教育意义是开启知识殿堂的大门。在电影《蒙娜丽莎的微笑》中，一所女校的开学典礼具有典型的象征意义。学校大门紧闭，校长率教师身着礼服立在门内，学生穿着礼服立于门外。一位学生代表从木盒中取出木槌，敲响学校的大门。校长高声问道："是谁叩响了知识殿堂的大门？"学生代表回答："是我，一个普通的女生。"校长问："你在寻找什么？"学生代表回答："通过苦学唤醒灵魂，将我的一生献给知识。"校长说:"那么,欢迎你!欢迎所有和你怀有同样抱负的女生。"大门开启,校长说:"现在我宣布,新学期开始。"学生有序走入学校。钟楼的钟声响起,被惊动的鸽子扑棱棱飞向天空。这样的开学典礼,象征着学生主动前来求学,突显学生主动求学的意愿,也彰显了教育的尊严。我国古代也有"礼闻来学,未闻往教"的传统。

不同的仪式具有不同的教育意蕴。在北京十一学校,成人仪式的主题意义集中体现在成人的责任意识上。入场时,学生一个个跨过象征着迈入成人阶段的门,接受校长的祝福和"拍肩礼"。校长在每个人肩上重重地拍三下,寓意是学生成年后要承担起个人的责任、家庭的责任、国家和社会的责任,这已经区别于日常生活中的拍肩,有着特别的内涵,令学生瞬间情感升华、责任内化,让他们意识到自己新的社会角色的确立。

学校中的所有仪式,都要精心设计,不仅其形式需要设计,更重要的是其教育意义与教育目的也需要设计。成人仪式的寓意主要是责任与感恩,毕业典礼的寓意主要是祝福与谢师,升旗仪式的寓意在于爱国教育,日常上课、下课礼仪的寓意在于尊师与爱生。学校仪式是有目的、有设计、有组织的特殊教育形式,应该也必须创造教育意义。我们不能为仪式而仪式,为形式而形式,应避免陷入程式化的仪式主义和肤浅的活动主义。

当然,学校中的仪式不仅仅是那些具有高大上的教育意义的活动,还包括具有日常教育意义的活动。比如,北京十一学校和青岛中学每年一度的跨年狂欢节和泼水节,彰显的是师生关系的平等。跨年狂欢节上的师生角色扮演,泼水节上酣畅淋漓的师生互泼,将师生关系暂时还原为纯粹的人与人之间的关系,重构和再造了新型的平等的师生关系。

所以,学校仪式教育既要创造记忆,更要创造意义,意义是仪式的核心。当然,学校仪式的教育意义要隐藏起来,不露痕迹,方为高妙。仪式的意义具有隐喻性,是表象与内隐意义的二重结构,既匿又显,且晦且明。我们在设计学校仪式时,要注重仪式的教育内涵与本义,赋予它显性和隐性的二重意义，让教育真实地、潜移默化地自然发生。

二、既注重价值引领，也注重情感体验

古代仪式起源于宗教与祭祀，带有信仰的意味，后来发展为社会性的文化活动，具有社会教化的价值和功能。学校仪式天然具有价值感，自带能量。长期以来，学校仪式与典礼一直是价值引领的重要教育形式。

发挥学校仪式的价值引领功能，要避免仪式感的过度简化和弱化。仪式之所以有震慑人心的力量，是因为一定程度上它的特定形式具有仪式感。象征性的文化符号、特定的情景创设、规范的具有仪式感的规程和典仪，可以创设一种极具感染力的氛围，这种氛围可以规约人的言行举止，瞬间触动人的情感，让心灵和精神得到洗礼和升华。比如升旗仪式中的奏唱国歌，上课、下课时的师生互相问候，成人仪式中的跨过成人门，毕业典礼中的颁发毕业证书，入党和入团仪式中的宣誓等核心程序和环节，不可被简化和弱化。正式典礼中师生的着装和服饰，也不可随意。在学校仪式教育中，形式亦是内容，我们要注重发挥形式的力量。

发挥学校仪式的价值引领功能，要避免主题内容的矮化、泛化或异化。学校仪式最本质的特征，或者说区别于生活中的其他仪式的主要特征，是它具有教育性。学校仪式的主题必须富有教育性，服务于学生的健康成长，发挥正面的、积极向上的、健康的价值引领作用。比如，有的学校在高考结束后举行学生撕书仪式，一本本书被撕碎后像雪花一样在校园里飞舞，我们看到的是教育的悲哀与失败。这样的仪式已经不是教育的矮化，而是教育的异化，走向了教育的反面。另外，学校仪式要防止商业性的渗透和侵蚀，保持纯粹与洁净。

发挥学校仪式的价值引领功能，要避免空洞的说教，注重价值渗透。我们要通过精神洗礼、价值渗透等具有文化特征的方式，潜移默化地实现潜藏的教育意义。文化总是以谦卑的方式发挥巨大的力量。如果我们

采用空洞的说教方式，往往会引起师生的抵触情绪，甚至令他们反感。2012年发生在某学校国旗下讲话活动中的学生临时换稿事件，其实是学生对于空洞说教的一次抵触与逆反行为，值得我们深思。因此，学校仪式要蕴含教育意义，又要不着痕迹，潜移默化，避免空洞刻板的说教与灌输。

发挥学校仪式的价值引领功能，要注重营造学校日常生活中的仪式感，甚至是创造属于学校自己的节日，将仪式与日常校园生活结合起来。比如，北京十一学校创设了道歉日、同伴关系日、感恩节（教师节）、谢师会、泼水节等富有学校特色的节日和仪式。青岛中学也创立了自己的校庆日、青博会、体育季、音乐季、技术节等，有的班级还举行睡衣节等亦庄亦谐的节日活动。我们应努力在日常校园生活中，渗透教育的价值和意义。

与价值渗透相关，情感体验是学校仪式教育重要的路径之一。没有情感的触动，教育就不会真实发生。比如，在学校的成人仪式上，我们可以设计父母和孩子读信的环节，父母给孩子写一封信，祝贺孩子长大成人；孩子给父母写一封信，感恩父母18年来的养育之情。仪式上父母和孩子读信的这几分钟，是情感触动的时刻，是催人泪下的时刻，也是教育发生的时刻。在毕业典礼上，所有教师站成两排，形成一个通道，祝贺学生毕业，欢送学生离校。离别的歌声响起时，师生相拥，难舍难分。这样的仪式，充满深刻的情感体验，让人怦然心动，即便是观众，也会深受感染。情感升华为价值信念，教育也就自然而然地发生了。

无情感，不教育。在道德教育中，情感是道德的知、情、意、行中的重要组成部分，是道德认知和道德行为之间的连接点和触发器。体验是一种情感冲击，每一个参与者在不同的仪式氛围中，能够体验不同的情感，比如庄严感、神圣感、平等感、自由感、温暖感等。学校的仪式教育，要重视学生真实性的情感体验，唤醒学生深层次的道德情感，深化学生的道德认知，进而将它升华为道德信念，最终调节和规约学生的行为。比如，升旗仪式中的爱国情感，毕业典礼上的师生情感，成人仪式上的亲子情感等，我们需要在仪式设计中深度挖掘，激发这些积极的情感元素，并根据学生的年龄特点精心设计，创设有意义的情感体验。体验既是人的生存方式，也是人寻求生命意义的方式，只有超越性的情感体验才可能升华为一种价值信念。

情感来源于真实。在仪式教育中，我们要避免空洞的不诚实的教育形式。大而无当的空洞说教只能产生虚假的道德和情感体验，学生学到的只是关于道德的知识，而不是道德本身。

特别是关于爱国、爱党这类高尚、神圣而又抽象的情感教育，我们必须慎之又慎，绝不能采用空洞、虚假的形式，避免培养虚假的、不诚实的道德和情感。苏霍姆林斯基说过："要让学校里所说出的每一句话都结出果实，而不是一朵空花……在学校里，不应当搞空洞词句和空洞思想。我想劝告教育工作者，要珍惜词句！当你要求儿童说出自己的思想的时候，要保持审慎而细心的态度。不要让那些高尚而神圣的词句，特别是关于热爱祖国的话，变成磨光了的旧分币！"[①]

所以，在设计教育仪式时，我们一定要考虑学生的年龄特点和道德认知的发展阶段，设计相匹配的主题内涵与形式，激发学生真实的情感体验，避免流于形式和大而无当的说教。对学校教育工作者来说，这是一个需要认真研究的课题。

学校仪式教育很容易流于形式，成为一种外在的规训和说教，不容易走心，其主要原因是缺乏价值渗透和情感体验的有效策略和办法。只有进行潜移默化的价值渗透而不是空洞说教，学校仪式才可能有效地发挥教育功能；只有触动学生的情感，打动学生的内心，学校仪式才可能具有持久的影响力。

---

① 苏霍姆林斯基.给教师的建议[M].杜殿坤，编译.北京：教育科学出版社，1984：366.

三、既注重集体教育，也注重个体关怀

学校仪式是一种具有明确目的和特定程序的群体性的活动形式。在学校场域中，仪式教育具有鲜明的集体性特征；在集体性的仪式氛围中，学生作为群体中的一员，可以获得集体归属感、安全感和认同感。这有助于建立共同体，并使学生在集体中获取力量。我在安徽省马鞍山市第二中学工作的时候，学校会在运动会的颁奖典礼上为团体总分前三名的班级升班旗、奏班歌，以激发学生的集体荣誉感，增强班级的凝聚力，培养集体主义精神。我们在青岛中学十二年级入境教育仪式[①]中，设计了一个海边徒步和登山拉练活动。一个人可以走得很快，但一群人可以走得很远。学生在活动中可以感受到来自集体的支持与力量，并将这种支持与力量迁移到平时的学习和生活中。前文提到道禾实验学校的小学生和初中生毕业前要登山，高中生毕业前则要全班合力造一条船，这同样蕴含着集体教育的意义。

学校仪式具有促进个体社会化的教育功能。学校仪式可以调节个体与群体、国家、社会的关系，使学生由"自我"向"我们"转化，在集体中明确个体的角色定位和认知，有助于学生的情感发展和社会性发展。特别是18岁成人仪式、14岁青春仪式、毕业典礼、人生规划发布会、入党入团仪式等，这些仪式是一种生命叙事，意味着学生旧的社会身份和角色的结束，新的社会身份和角色的确立。学生需要在公开的场合，在家长、教师和同学的见证下，获得一种公开的、社会合法性的确认。所以，组织毕业典礼和成人仪式时，学校一定要邀请学生家长和教师参加，请他们表达对孩子的祝福，共同见证孩子的成长。

学校仪式对集体归属感的形成、集体力量的凝聚、学生的社会性发

---

① 青岛中学入境教育是为每年刚刚进入高三年级的学生举行的系列活动，目的是激励学生在高中的最后一年努力学习，以优秀的表现为中学生活画上一个完美的句号。

展所发挥的积极影响毋庸置疑。但是，我们也要注意到另一个方面，即集体性的仪式对个体的遮蔽与抑制也是十分明显的。我们常常见到这样的情形：集体性仪式轰轰烈烈，但大多数个体只是看客，而不是主体性参与者。个体虽然在场，却似缺席；个体消失在集体的名义之下，仪式成了少数人的狂欢。学校仪式是集体性叙事，对个体的关怀鲜被考虑。仪式固然可以凝聚集体的力量，但如果长期缺乏对个体的关怀，也可能成为使个体离心的力量。

多年以前，我作为校长在毕业典礼上宣布毕业生名单，每个班级只念一位学生的姓名，其他学生都成了"等"。发毕业证书的程序也是如此，每个班级派一位代表，代表全班同学上主席台象征性地领取毕业证书。这样的毕业典礼成了一场可有可无的例行公事，学生缺乏参与感。

从 2013 年开始，我们做出了改变。我们邀请每一位同学依次走上主席台，将毕业证书发到每一位学生手中，并和学生行击掌礼、拍照留念，有的学生还要求和校长拥抱一下。整个毕业证书发放程序持续一个多小时。我虽然很累，但学生很高兴。这样的毕业典礼是每一个学生的盛典，而不是少数人的走秀。

如果没有师生的主体性参与和互动，学校仪式就失去了本体性意义。2020 年 9 月 28 日是青岛中学建校三周年的校庆日。我们在这一天举行了"我的校名我题写"揭牌仪式，来自小学部、初中部和高中部的四位同学分别题写了校名。在持续近两个月的活动中，我们共收到 82 幅学生题写的书法作品。初评选出 14 幅作品，最后全校师生选定的四幅作品被悬挂在学校东、西、南、北四个门口，分别选用石雕、木刻和铜铸等永久性的材质制作。其中，西门的木雕牌匾是学生在木工老师的指导下自主雕刻而成。最后，在相关教师、同学和家长的见证下，我们现场展示了学生的作品、颁发了收藏证书，并共同为校牌揭幕。整个仪式低调、朴素、庄重，充分彰显了学生的主体性。这是孩子们自己的学校，注定由孩子们自己书写她的历史，当然也应由孩子们来题写校名。

集体是由个体组成的。因此，在集体性仪式中，我们既要重视集体教育的力量，增强集体的秩序和凝聚力，促进个体社会化；同时，也要充分关注个体的参与及体验，关注个体之间的双向交流与对话，努力做到全员参与、深度体验，创设情感代入与个体连接的机会，让仪式的教育力量抵达每一位参与者的心中。

四、结语

学校仪式是一种独特的教育形式，在显性表象和隐性内涵的二元结构中，蕴藏着丰富的教育意义，有着不可替代的教育功能。我们在设计和组织学校仪式时，应既重内涵，也重形式；既重结果，也重过程；既重引领，也重渗透；既重价值，也重情感；既重统一，也重个性；既重自由，也重秩序。在具有两歧性的张力中，发挥仪式教育的力量，取得有意义的教育效果。

教育的内卷化及其他

> 教育的内卷化，本质上是系统超级稳定后带来的停滞与退化。抵抗内卷化需要我们对系统进行反思、变革与创新；系统的变革与创新需要我们克服认知偏差，以开放的心胸、多元的视角、批判性思维来看待教育问题。

2020年出现一个网络新词：内卷化（involution）。与之相关的还有两个词：回音室（echo chambers）与认知气泡（filter bubbles）。这些新概念揭示了教育等社会领域中久已存在的老问题，再一次提醒我们深入思考这些问题背后的问题。

一、抵抗内卷化

"内卷"是指一种文化或模式在一个发展阶段达到某种确定的形式后停滞不前，或无法转化为另一种高级模式的现象。农民在人口压力下，不断增加水稻种植的劳动投入，以期获得更高的产量。然而劳动的超密集投入并未带来成比例的产出增长，反而出现了单位劳动边际报酬递减的现象。美国人类学家克利福德·格尔茨（Clifford Geertz）最早提出"内卷"这一概念来描述这一现象。

我国农村也是如此。在我老家，人多地少。为了提高粮食产量，父兄们起早贪黑，施肥灌溉，精耕细作。但是农作物达到一定的产量后，即便投入更多的辛劳，也难以持续提高亩产量，一年辛苦下来，仍然只够维持温饱，略有盈余。我回乡时看到大多数农民将自己的土地转包给种粮大户。这种内卷化的劳动密集型农业已经走到了极限，必须改弦更张，走农业规模化的新路。

教育和农业类似，同样存在内卷化现象。教学的精致化，时间的网格化，管理的精细化，已到了非常严重的程度。为了升学竞争，有些学校采取加班加点、补课辅导、题海战术等方式，初期可能非常有效，但在到达一定的边界之后，则边际效益递减，难以持续有效，反而会带来负面的后果，可能产生的危害是损伤学生的学习热情，扼杀学生的创造力。

很多时候，人们采取这种野蛮训练的方式，往往只是求一个心安，教师、家长和学生都觉得自己尽力了，而并没有深究这种方式的边界，没有研究这种方式的效率、效益、效果和可能产生的副作用。这种方式超过一定的度之后，不仅无益，反而有害。苏霍姆林斯基说过："在课堂上不浪费一分钟，没有一时一刻不在进行积极的脑力劳动，在教育人这件精细的工作中，再也没有比这种做法更为有害的了。"[①] 对学生个体来说，这种做法潜在的负面影响是长远的。

对一个区域来说，教育的内卷化表现为系统内部的不良竞争，其负面效果也显而易见。在教育供给总量不变的情况下，内部竞争并不能带来总体收益的提高，反而会形成剧场效应——有一个人站起来看戏，后面的人也都被迫跟着站起来，而总体观看效果反而更差。这种内卷化会导致集体非理性，结果必然出现"公地的悲剧"，最终损害的是这个区域的整体教育生态。

内卷化的英文是 involution，与之相对应的英文单词有 evolution

---

① 苏霍姆林斯基. 给教师的建议 [M]. 杜殿坤，编译. 北京：教育科学出版社，1984: 186.

（进化）、revolution（变革），这给我们带来的启示是，抵抗内卷需要借助变革与创新。在困境之中，我们不要企图用现有系统去解决系统中的问题，想要改变，就要创造新模式。马车的速度和舒适度是有边界的，如果只研究如何提高马车的速度，那就只能指望有一匹更快的马，也就不会有汽车的发明。可以冲洗臀部的马桶是卫生纸的迭代，如果只考虑如何提升卫生纸的质量，就不会有自动冲洗技术的创新。教育也需要通过迭代和创新来抵抗内卷。在学校层面上，从目前可观察到的教育创新来看，反内卷的路径正次第展开，且渐趋清晰。

从注重教转变为注重学。以教为主的边际效益已到极限，而学习所蕴藏的能量正待开发。我们要从教学设计转向自主学习的设计，注重学生的学习品质和学习能力的培养，因为教师教的红利是有限度的，而学生学习力的动能是无穷的。

从外在管控转变为激发内动力。我们要让学生在学习的兴趣、挑战和意义中启动自我系统，这才是永恒的发动机。正如李希贵校长所说，要踩油门而不是推轮子。外在的力量只能是压力或推力，内在的力量才是动力。

从统一管理转向弹性教学组织形式。从类别化走向个别化，尊重每一位学生个性化的学习路径，提供弹性的教学时空和可选择的课程，适度打破内部边界，在自由中培养自律，从自律走向自主。

从分流淘汰走向全纳教育。以包容式成长消解和对冲功利性的逐层选拔和淘汰。青岛中学实行十二年一贯制教育，承诺不中途分流和淘汰任何一位学生。北京第一实验学校宣布将实行十五年一贯制全纳教育，让我们看到令人尊敬的教育伦理性探索。

从规模化走向有机性。千人年级、万人学校必将抵达自己的极限，集团化办学的隐忧也渐次显现，大组织病不可避免。学校是一个有机体，我们应当放弃扩张规模的冲动，转而追求学校有机体的健康、和谐、活力和创造力。

二、逃离回音室

与内卷相关的还有一个重要词汇——回音室。这个概念涉及网络时代的群体非理性和个体认知偏差，并在一定程度上强化了内卷。抵抗教育内卷化，我们必须警惕陷入回音室之中。

回音室是一个具有比喻性的术语，被用来描述这样一群人：他们的信念和观点通过重复（回音）被强化，他们很少听到其他信念和观点。在这样的回音室里，各个成员有意或无意地接触到能强化他们现有观点的信息。作为社会环境，回音室可以使成员在表达自己的观点时更加自信，更加相信（很少质疑）所持的观点。成员们可能也会发现很难离开回音室，因为他们的社会、文化和政治身份与特定的话语纠缠在一起。

网络上的一篇文章《张桂梅PK清华副教授：不要站在高楼上，傲慢地指着大山》，将张桂梅校长改变大山中女孩儿命运的"填鸭式教育"，与清华大学刘瑜老师说的让孩子成为一个普通人的教育观对立起来，一个向左，一个向右，似乎不可调和。支持和反对的双方都觉得自己才是正确的。这正是回音室效应的体现。人们有意或无意地接受并强化了自己的观点和信念，而拒绝或否定对方的观点，并逐渐走向两极化。

这让人联想起前些年网络热议的衡水中学现象和毛坦厂中学现象。支持和反对的双方各执一词，针尖对麦芒。其实从某种意义上说，我国的很多中小学都是衡水中学，都是毛坦厂中学，只是程度不同而已，本质上并无多少差异。

从20世纪80年代以来，关于应试教育和素质教育的对话与辩论持续了三十多年。在回音室效应之下，人们越来越趋于两极化的认知，有意或无意地将对方的观点极端化、污名化，进而造成群体性的非理性认知。

从教育价值取向上看，我们当然应当旗帜鲜明地反对应试教育，提倡素质教育。而在教育实践中，素质教育和应试教育之间并非泾渭分明，而是融为一体，应试教育中一定有素质的培养，素质教育中也必然有应试的成分。尤其我们不能简单地认为乡村或边远地区的教育就一定是应试教育，而大城市的教育就是素质教育。

20 世纪 80 年代中期，我在安徽省宣城市的一所乡镇中学读高中。虽然大家觉得升学无望，上大学不啻一个梦想，但也并未一味死读书。刚上高一，刘成寅老师便组织我们成立清溪文学社，一群乡村少年每周进行写作交流，用蜡纸油印文学社成员的诗文。当时的文学社社长乐冰同学现在已成为著名诗人。刘成寅老师还组织全校学生进行演讲比赛、书法比赛等，即便是在高考复习期间，我仍坚持每天晚自习练半小时书法。对我们这些乡村少年而言，这是重要的启蒙。

李希贵校长三十多年前在高密四中这样一所乡镇中学进行了许多教育教学改革，即便是现在看来，也特别契合现代教育理念。他当年推行的语文阅读教学改革注重语文核心素养的培养，影响延续至今。

所以，我相信，张桂梅校长在大山中进行的教育，一定不仅仅是所谓的应试教育，也一定注重学生的毅力、恒心、坚韧等意志品质的培养；衡水中学和毛坦厂中学，也一定注重对学生的品德教育。我们难以用一种简单的二分法对它们进行概念化归类。

反过来，经济发达地区的学校，也并不是不注重学生的学业质量和学术训练。每年，这些地区有大量学生被美国的常春藤盟校和英国的牛津大学、剑桥大学录取，这便是明证。多年以前湖南卫视策划播出的城市学生与农村学生交换体验学习生活的节目特别有意思，城市和农村的青少年各有优点和不足，并无必然的高下之分。

回音室效应会给人们带来认知偏差。其关键问题不是人们不重视事实，而是人们不再将与自己观点相悖的言论当作事实性根据。

那么，如何逃离回音室呢？我认为关键的一条是保持认知谦逊。有人说，我们所处的时代是 VUCA 时代（VUCA 是 volatile、uncertain、complex、ambiguous 的缩写，四个英语单词的意思分别是易变的、不确定的、复杂的以及模糊的）。我们应该保持认知谦逊，不轻信，不盲从，以多元视角、宽容的心态去看待这个复杂而不确定的世界，避免两极思维，寻找灰度空间。与一个正确观点相对立的观点，可能是另一个正确的观点。

三、刺破认知气泡

回音室和认知气泡这两个术语有时会被互换使用，其实两者之间有相通之处，也存在着重要的区别。认知气泡是指人们的认知总是受到周围环境和所接收信息的影响，特别是在网络时代，我们在网络上看到的信息其实是网络媒介使用算法推送给我们的，也就是说，这些信息是经过过滤的。就像是一个过滤气泡，在这个气泡中，我们很难听到对立的观点和声音。

在信息网络中，认知气泡是搜索引擎和社交媒体对在线内容进行过滤后产生的，这种过滤基于用户的搜索历史、位置和过去的点击行为等用户信息。比如，我有一段时间喜欢在网上看围棋的比赛视频，后来我打开今日头条，它就会推送给我大量的围棋视频。我在当当或亚马逊上买了书后，这两个网站会自动推送若干内容相似的书籍。

创造认知气泡这一术语的美国学者伊莱·帕里泽（Eli Pariser）认为，互联网用户可能会在自己偏好的文化或意识形态气泡中变得孤立，并形成认知偏差。网络强化了人们的认知气泡。

微信朋友圈也是如此。我们会不自觉地通过信息筛选，和那些与自己观点相似的人结成朋友圈。认知气泡可能会造成糟糕的后果，因为我们所接收的信息大多来自观点相同的人，而那些与我们观点相悖的信息则被屏蔽、忽略了，结果是我们把世界的一大部分信息过滤掉了，只剩下我们所赞同的观点。我们的认知气泡会越来越小，信息面会越来越窄，最后形成信息茧房，导致我们在虚假的一致性中盲目自信。

教育中也不乏这样的认知气泡。比如，如果你相信静待花开，就会关注很多类似的案例；如果你相信虎妈的教育方法，就会看到更多相关的成功例证。人们往往因为相信而看见想看到的东西，也因为不相信而看不见房间里的大象。

再比如，1949 年以来，我国中小学校的组织结构几乎没有什么变化，人们似乎认为这是天经地义的。其实，组织管理学的理论从科层制到扁平化，再到自组织、敏捷型组织等，已经演进、迭代了多个版本，并在商业组织的实践中积累了很多经验。但是学校组织仍固守着老皇历，封闭而僵化，缺乏弹性和适应性。

戳破认知气泡并不难，只要打开信息茧房，让人们看见不同的做法和成效便可以做到。北京十一学校 2010 年前后开始的一系列学校转型的探索，让我们看到了学校教育的新样态。北京十一学校的改革成效让人们信服，现在全国已有更多的学校在推广和借鉴。近年来，北京、成都等地一些小微学校也以卓尔不群的办学创新，提供了教育变革的另一个样本，这同样非常值得我们关注和重视。

教育的内卷化，本质上是系统超级稳定后带来的停滞与退化，这与长期以来的回音室效应、认知气泡以及信息茧房有关。抵抗内卷化需要我们对系统进行反思、变革与创新；系统的变革与创新需要我们克服认知偏差，以开放的心胸、多元的视角、批判性思维来看待教育问题。

| 第三辑 |

唯有文化生生不息

唯有文化生生不息

> 一切短期的功利性追求都行将不远,唯有文化生生不息。

如果大家有机会去北京十一学校,就会发现这所学校的文化氛围很特别。比如,教师身上的敬业、合作、分享的行为方式,温和、专注于教育教学的精神品质;行政管理人员谦和、亲切、细致、周到、快捷、专业的工作品质;学生自信、自由、大气、充满活力的精神面貌……我们不禁要问,这一切是怎么做到的?我相信这绝不是单靠制度能够做到的,制度可以约束人的行为,却难以约束人的内心和精神面貌,这背后一定有文化的力量。

有人说,一流管理靠文化,二流管理靠制度,三流管理靠权威。这就谈到了文化在学校管理中的重要作用。学校文化并不仅仅是指一些口号或贴在墙上的标语,它应该是整体性的文化建构,包括精神文化、制度文化、行为文化、物质文化等。学校的精神文化主要包含三个方面:第一是学校的使命,第二是学校的愿景,第三是学校的价值观。这三个方面构成了学校精神文化的整体结构。

一、学校使命是学校存在的理由，赋予教师献身工作的价值和意义

学校使命就是一所学校存在的理由。学校使命就像天上的北斗星，指引着我们前进的方向。

我们很少见到中小学校明确提出自己的使命，但一些比较卓越的企业大多有自己的宗旨和使命，我们不妨来借鉴一下。

惠普公司的使命是"创造信息产品以便加速人类知识的进步，并且从本质上改善个人及组织的效能"。可以看出来，这是一个比较高远的理想，超越了一般企业追求利润的目标。

百度公司的使命是"让人们平等便捷地搜索信息，找到所求，用科技让复杂的世界更简单"。这是百度公司的追求，所以它才能在很短的时间内，成为国内网络搜索领域的翘楚。

2010 年，雷军带领 6 人团队创办小米科技，10 年后，小米科技每年的营业收入已经超过 2000 亿人民币，公司规模达到 2 万多人。在短短 10 年的时间内，小米科技的规模能够发展得这样大，非常了不起。它的使命是一句话："始终做感动人心、价格厚道的产品。"

这几个企业的使命都超越了利益、利润本身。我们去小米科技参访的时候，创始人向我们介绍，小米科技的标志是"米"的拼音"MI"，如果把它倒过来看，它是一个"心"字，但是又少了一个点，寓意是一定要做让人省心、感动人心的产品，这是他们的文化追求。

因此，使命一定要有高远的意义与价值追求，而不是阶段性的奋斗目标，更不是利益层面的追求。只有意义才能赋予一个组织永久的生命力。

北京十一学校的使命是"创造适合每一位学生发展的教育"。这是学校的办学理念和价值追求，是全校的共识和信念。十一学校多年来的办学实践探索就是在践行这个理念，履行这个使命。

青岛中学的使命是"探索中国非营利 K12 教育^① 模式，为中华民族培育栋梁"，这是李希贵校长在拟定《青岛中学办学大纲》时亲自确定的。在青岛中学校长办公室的门口贴着一张图表，其标题是"今天校园里的孩子，明天民族伟大复兴的栋梁"，图表上列示的是青岛中学建校时（2017 年）入学的第一批各年级学生到 2035 年我国基本实现社会主义现代化，2050 年建成富强民主文明和谐美丽的社会主义现代化强国时的年龄。从开学第一天开始，每一位青岛中学教师都会思考，应该如何培养肩负未来中华民族伟大复兴重任的时代新人？我们希望以此警示青岛中学的每一位教师始终不忘初心，坚守使命，为中华民族培育栋梁。国家的未来、民族的复兴就在我们手上。我们今天有什么样的教育，培养什么样的学生，我们的国家和民族就有什么样的未来。

我们要站在学生成长的角度、外部的角度、未来的角度来思考，我们这所学校存在的价值和理由究竟是什么，肩负的使命是什么，也就是说为什么要有我们这样一所学校。

首先，从学生成长的需求出发。学校因学生而存在，教师因学生而相聚。学生的成长是学校存在的唯一理由。学校要站在学生成长的角度及育人的角度来考虑自己的使命和宗旨。北京十一学校提出"创造适合每一位学生发展的教育"，青岛中学提出"学校视学生成长为第一利益"，都是基于学生的未来成长需求，这是学校使命的主要基点。

其次，从外部出发。我们考虑学校使命时，一定要跳出学校的围墙，甚至跳出教育的圈子，站在学校和教育之外，思考国家、社会、企业、家庭等对学校教育的期待是什么，时代对我们学校教育的期许是什么。我们要思考，我们应该贡献什么，而不是我们能够贡献什么。我们要站在时代和社会发展的高度，站在国家和民族未来的角度，来看待学校的使命和办学宗旨。

最后，从未来出发。因为学校使命不是一个短期的目标，而是一直

---

① K12 教育是指学前教育至高中教育。——编者注

指引我们的启明星，所以我们要站在未来的高度来考虑学校存在的理由，这样确定的使命才有可能长久指引学校的发展。

一些研究组织制度理论的学者认为，世界上存在时间最长的组织主要是学校、医院和宗教团体，而存在时间最短的组织是企业。有千年的学校、医院和教会组织，但是很少有千年的企业，百年老店都很少见。特别在现在这样一个大浪淘沙的时代，企业的平均寿命只有三十多年。学者的研究结论是，企业存续的寿命之所以短暂，是因为资本的价值导向永远是利益，缺乏高远的有价值的使命，一旦时代发展了、技术更新了、市场变化了，企业就可能被时代所抛弃或淘汰。而学校、医院、宗教的宗旨与使命往往与利益相去较远，具有高远的价值和意义，学校的宗旨与使命是教书育人，医院的宗旨与使命是治病救人，宗教的宗旨与使命是抚慰人的心灵。一个组织的追求高远，存在时间也更久远。所以现代企业特别重视自己的宗旨和使命，希望在追逐利润之外，寻找更加高远的存在价值和理由。

因此，我们要站在未来的高度审视今天的学校宗旨与使命。无论是新建的学校，还是历史悠久的学校，校长都要既着眼于当下的目标，又站在未来的角度，来看待学校的使命和宗旨，思考学校存在的价值和理由。

我们要从学生成长出发，从社会和未来出发，不断去追问我们的学校为什么而存在，一直追问到不能穷尽的时候，也许就能得出正确的答案。一旦我们找到宗旨和使命，找到学校存在的理由，也就创造出了这所学校所有教师献身于工作的价值和意义。

二、学校愿景是文化的股份制，可以让每个人从中看见自己的梦想

如果说学校使命是学校存在的价值和理由，那么，愿景就是学校未来一幅激动人心的画面。愿景以文字来作画，是学校胆大包天的目标

以及这个目标实现时的场景。愿景是关于学校未来的一个画面，是创造未来、描绘未来、预测未来，它光芒四射、动人心弦，具有激动人心的力量。

马丁·路德·金（Martin Luther King）是美国黑人民权运动的领袖，他的著名演讲《我有一个梦想》，描绘出一幅种族平等的愿景。

我梦想有一天，这个国家能站立起来，真正实现其立国信条的真谛："我们认为这个真理不言而喻：人人生而平等。"

我梦想有一天，在佐治亚州的红色山冈上，昔日奴隶的儿子能够和昔日奴隶主的儿子坐在一起，共叙兄弟情谊。

我梦想有一天，甚至连密西西比州这个正义匿迹、压迫成风，如同沙漠般的地方，也将变成自由和正义的绿洲。

我梦想有一天，我的四个孩子将在一个不是以他们的肤色，而是以他们的品格优劣来评价他们的国度里生活。

今天，我有一个梦想。

我梦想有一天，亚拉巴马州能够有所转变，尽管该州州长现在仍然满口异议，反对联邦法令，但有朝一日，那里的黑人男孩儿和女孩儿将能与白人男孩儿和女孩儿情同骨肉，携手并进。

今天，我有一个梦想。

我梦想有一天，幽谷上升，高山下降，坎坷曲折之路变成坦途。

这个演讲深深打动了现场的上万名听众，也在此后几十年中激励了美国黑人进行争取民权的斗争。

毛泽东主席在井冈山时就对我国革命胜利的愿景做了诗一般的描述："它是站在海岸遥望海中已经看得见桅杆尖头了的一只航船，它是立于高山之巅远看东方已见光芒四射喷薄欲出的一轮朝日，它是躁动于母腹中的快要成熟了的一个婴儿。"

我们再看看一些企业的愿景。惠普公司的愿景是"成为领先的高科技公司"。这是惠普公司创办之初提出来的，后来公司实现了这个愿景，成为世界500强企业。

百度公司的愿景是"成为最懂用户，并能帮助人们成长的全球顶级高科技公司"。

微软公司几十年前设定的愿景是"让世界上的每个办公桌和家庭都有一台电脑"。这个愿景始终推动着微软员工不懈努力，用软件的力量将个人计算机普及到千家万户。

美国福特汽车公司在创立时，亨利·福特（Henry Ford）为公司定了一个愿景："让每个美国家庭都拥有一辆汽车"。现在不仅是美国，很多国家都实现了这个愿景。

再看看学校愿景的例子。北京十一学校的愿景是"把十一学校建设成为一所受人尊敬的伟大的学校"。当年李希贵校长提出建设一所受人尊敬的伟大的学校时，有些老师不理解，也不太相信。经过十多年的发展，现在老师们觉得当初这个愿景真的实现了。十一学校的转型和发展，不仅代表着我国基础教育的新样态，也赢得了人们的尊敬，十一学校的教师和学生正走在通往伟大的路上。

青岛中学的愿景是"建设一所与世界对话、全球一流的中国式学校"，非常理想，特别现实。北京十一学校一分校的愿景是"建设一所受人尊敬的家门口的好学校"，很接地气，也令人向往。

愿景和目标不是一回事。目标是我们在一个阶段内要完成的可量化、可达到、可实现的具体指标，如果你制定的目标永远达不到，那它就不是目标，而是空想；目标一定是可检测、可衡量的，所以目标是理性的。愿景是对使命达成时的场景的描述，一般是感性的。目标是用来实现的，愿景往往主要是用来激励人的。

好的愿景是什么样的？我觉得一是要具有价值和意义，这样才能激励人。二是一定要有画面感，具有可视性。三是一定要能打动人心，是感性的描绘，而不是量化的表述。假如福特汽车公司计划5年内年销售量达到100万台，这是一个目标；而"让每个美国家庭都拥有一辆汽车"

是一个梦想，在一百多年前这是非常激动人心的。

怎么制定一个好的学校愿景？第一，从使命出发。愿景一定要和学校使命相结合。第二，从过去和现在出发。愿景是指向未来的，未来一定基于过去和现在，过去和现在也正孕育着未来。第三，从内心出发。愿景是我们内心所向往的，是我们的梦想、信念和追求，只有从内心出发的愿景才能打动人心。

制定愿景和制定使命不太一样。使命是用来指引方向的，主要应该由学校的领导层来思考，因为战略是不能授权的。愿景则是用来激励人的，一定要大家一起来描绘。我们把愿景叫作文化的股份制，愿景应当是全体教职工共同描绘、共同创造的未来画面，每个人的梦想都在其中，每个人都是这个愿景的股东，因而愿景能激励每个人为之奋斗。

所以，在制定愿景时，要让广大教师共同参与。比如，我们可以举行这样的活动：邀请每位教师写下20年后学校的样子，畅想20年以后学校的画面。最后把大家描绘的这些愿景提炼成学校的共同愿景，让每个人对此都有所贡献，也让每个人都能看见自己的梦想在其中。

我曾经描绘过心目中青岛中学未来的样子：非常现代，特别中国；非常规范，特别自由；非常朴素，特别人文；非常理想，特别现实。这样的未来不仅是我们要去的地方，而且是我们要创造的地方。这就是愿景的力量。

三、越是价值多元的时代，我们越是需要坚守自己的核心价值观

学校的价值观是学校文化的核心，是学校师生员工的价值信念和行为准则。这些价值观出自我们内心的信念，而不是外界的需要；是我们内心真正相信的东西，而不仅是应该相信的东西。即使有些时候这些价值观使我们处于不利的位置，我们仍然要坚守它。所以，一所学校的价值观要表达的就是我们相信什么，我们珍视什么，我们倡导什么。

当然，一所学校的价值观可以分为两个层面。第一个层面是核心价值观，核心价值观可能比较少，只有三到五个，甚至只有一个。核心价值观一定要单纯清晰、直接有力。第二个层面是学校的文化信条，或者说行为准则。

学校价值观和学校制度不同。制度是刚性的，是外在的硬约束，是每个人都要执行的。而学校价值观是软性的，是内在的信念和价值追求，是人们的行为准则。它不像制度那样要求人们必须怎样，而是告诉人们应当重视什么、倡导什么。因此，学校价值观较之制度，更柔软，更内隐，但也更加持久。文化总是以谦卑的姿态发挥着自己持久的影响力。

我们来看一些企业的价值观。清华大学附属北京清华长庚医院的核心价值观是四个词——人本、济世、厚德、至善，这是创始人王永庆先生提出的。医院就是要积善行德，以人为本，救人济世。医院就把老先生提出的这四个关键词作为他们追求的核心价值观。

百度公司的核心价值观是两个关键词——简单、可依赖。这两个关键词是指让用户操作简便，并信赖公司给他提供的内容和信息，让用户觉得很可靠。百度公司除了核心价值观，还有文化信条：认真听取每一条建议和投诉；永远保持创业激情，每一天都在进步；容忍失败，鼓励创新；充分信任，平等交流；友谊、感恩、分享。

惠普公司的文化信条是热忱对待客户，信任和尊重个人，追求卓越的成就与贡献，注重速度和灵活性，专注有意义的创新，靠团队精神达到共同目标，在经营活动中坚持诚实与正直。

我们再看看学校的价值观。我曾参访过北京德威英国国际学校，接待我们的校长说，学校的核心价值观是三句话：学生第一，追求卓越，超越自我。学校的文化信条有十条：

我们秉持学生优先的原则。
我们提供并营造安全而富有启发性的学习环境。
我们认同每位学生的独特性，每个学生都是不一样的。

我们协助学生在挑战中展尽所能。

我们立志于全人教育。

我们重视团队合作中的责任感并从中受益。

我们深信有意义的学习需要冒险精神。

我们珍视自然世界及其资源。

我们培育学生尊重自己和他人。

我们致力于培养学生应对未知世界的能力。

我去这所学校参观访问时，接待我们的校长说："我们所处的时代是一个价值特别多元的时代。家长有家长的诉求，学生有学生的诉求，社会也有不同的诉求。越是价值多元的时代，我们学校越要坚守自己的核心价值观，有自己所珍视的东西。否则我们就可能会被撕扯。"我觉得他说得非常好。

青岛中学创办伊始，李希贵校长于2016年亲自拟定了办学大纲，对青岛中学的核心文化做了全面的阐释，奠定了这所学校的文化基因和核心价值追求。李希贵校长提出的理念令人怦然心动，感召了众多优秀人才从全国各地云集青岛中学，共同创造理想中的教育。第一任执行校长秦建云在2017年5月第一次家校联盟会上的演讲中，明确提出"把学生放在心上"的理念，让在场家长为之动容。2019年12月青岛中学教代会经过认真讨论，最后全体投票表决，一致通过将"把学生放在心上"作为青岛中学的核心价值观。

2020年岁末，建校满三年的青岛中学在办学大纲的基础上，发布了《青岛中学行动纲要》（共9章68条），宣示自己的文化信条和行为准则。《青岛中学行动纲要》在序言中开宗明义地提出了十大信念，这也是我们的教育价值宣言。

我们深信教育可以改变世界。今天有什么样的教育，我们的民族和国家就有什么样的未来。

我们深信教育需要长期主义，应以正确的方式做正确的事。我们是做教育，而不仅是办一所学校。

我们深信每个学生都是可教的。可能性是教育者的信仰。

我们深信学校因学生而存在，教师因学生而相聚。我们要组织一切可能的资源为学生成长服务。

我们深信只有关注每个学生的成长，才是真正地面向全体。个别化是我们坚持的教育原则。

我们深信教师是学校的第一资源。只有学校把教师放在心上，教师才会把学生放在心上。

我们深信良好的师生关系是教育的前提。我们要将师生关系变成"我与你"的关系，而不是"我与你们""我与他们"的关系。

我们深信诚以立人，爱以致远，感恩是幸福之源。诚信、感恩和爱是青岛中学师生的必备品格。

我们深信只有拒绝平庸，才能完成我们的使命。当每一件事都达到一流水准的时候，学校才可能达到一流水准。

我们深信教育需要仰望星空的情怀和脚踏实地的实干精神。有了理想的指引，我们才不会失去方向，不会被功利所裹挟；我们只有贴着地面行走，才能行稳致远。非常理想，特别现实，我们致力于做贴着地面行走的理想主义者。

最后我提供两个提炼学校价值观的方法。

第一个方法是组建火星团队。我们可以选出五到七个大家特别信任的人，让他们成立一个项目组。当然，这些人要对学校的办学理念和历史文化有比较深入的了解，并且具备相应的提炼价值观的能力。提炼学校价值观，需要回溯学校历史，从过去的辉煌历史中，提炼出若干文化基因作为核心价值观的基础；同时要展望未来，从未来的角度来看学校和教育应该有什么样的价值追求；最后还要思考这些问题：

如果环境改变，我们要为这些价值观付出代价，我们还会坚守吗？

我们会对自己的孩子阐明这些价值观并希望他未来也坚守吗？

这些价值观100年后还有意义吗？

如果有人指出这些价值观中有几点会使学校在竞争中处于不利位置，我们还会坚守吗？

第二个方法是游戏法，可以在第一个方法的基础上进行操作。在火星团队经过讨论列出了十几个核心价值观的关键词后，我们可以用游戏法来进行提炼。我们可以把这些价值观的关键词写在卡片上，每张卡片上写一个关键词。火星团队的成员每人从中选择自己认为最重要的六张核心价值观卡片，然后开始玩游戏。游戏的第一轮要求每人在六张卡片中放弃一张，并说明放弃的理由。游戏的第二轮要求每人再放弃一张卡片，并阐释理由。经过数轮后，大家手上只保留一张卡片，也就是每个人最珍视的价值观。最后，从这些价值观中逐步提炼出学校的核心价值观。

一个百年老店，一定有它独特的企业文化；一所名校，一定有它独特的文化追求。文化是组织的基因和密码，是组织存续的根基和命脉。任正非说过这样一句话：所有生意终将死亡，唯有文化生生不息。是的，对学校来说也是这样，一切短期的功利性追求都行将不远，唯有文化生生不息。

我们深信

> 越是在价值多元的时代,我们越是需要坚守不变的教育价值观;越是在不确定的时代,我们越是需要以教育的理想主义、长期主义应对功利主义,挑战无知、短视、偏见与教条。

我们所处的时代,是一个价值多元的时代,是一个变动不居的时代。

我们处在这样一个时代,更加需要坚守不变的教育价值观,应对不确定性,以不变应万变;更加需要以教育的理想主义、长期主义应对功利主义,挑战无知、短视、偏见与教条。

2020年岁末,建校满三年的青岛中学在《青岛中学办学大纲》的基础上,发布了《青岛中学行动纲要》(共9章68条),宣示了自己的核心价值观。

价值观是学校里从校长到教职工所有人的思想与行为逻辑。价值观代表意义,唯有意义才具有唤醒灵魂的能力;价值观能够提供比单纯的制度和流程更广域的思想及行为指引。价值观本质上是一种信念,它表明我们相信什么、珍视什么、倡导什么,它是我们深信不疑的信念和行为指引。

《青岛中学行动纲要》的序言中,开宗明义地提出了十大信念,这也是我们的价值宣言。

1. 我们深信教育可以改变世界。今天有什么样的教育，我们的民族和国家就有什么样的未来。

在青岛中学校长办公室的门口，张贴着一张图表，其标题是："今天校园里的孩子，明天民族伟大复兴的栋梁"，图表上列示的是青岛中学2017年建校时入学的第一批各年级学生到2035年我国基本实现社会主义现代化、2050年建成富强民主文明和谐美丽的社会主义现代化强国时的年龄。这警示着青岛中学的每一位教师始终不忘初心，坚守使命，为中华民族培育栋梁。从开学第一天起，每一位青岛中学教师都会思考：我们应该如何培养肩负着未来中华民族伟大复兴重任的时代新人？

今天的教育是怎样，我们的未来就会是怎样。当今世界的竞争，说到底是人才的竞争。当年拿破仑在滑铁卢战役中失败，打败拿破仑军队的英国威灵顿公爵阿瑟·韦尔斯利（Arthur Wellesley）说："滑铁卢的胜利，是在伊顿公学的操场上决定的。"我们也可以说，未来是在今天的课堂上决定的。遥远不远，未来已来。如果我们用昨天的方式教育今天的学生，那就会剥夺他们的明天。

我们需要时常思考培养什么样的人、为谁培养人、如何培养人这样的根本问题。国家的未来和民族的复兴就在我们的手上。我们今天有什么样的教育，培养什么样的学生，我们的国家和民族就有什么样的未来。

2. 我们深信教育需要长期主义，应以正确的方式做正确的事。我们是做教育，而不仅是办一所学校。

教育是一项需要长期主义的事业。十年树木，百年树人。在今天这样一个急剧变化和追求速度的时代，社会上充斥着功利和浮躁、短视和偏见。人们已经不愿等待一朵花的开放，更难以等待一个人的成长。

当我们拉长时间的尺度来看待教育、看待人的成长时，我们就会少一些短视和焦虑，少一些急功近利和平庸之恶；我们才有可能真正从人的成长需求出发，逆向设计十二年的教程、学程和课程，促进学生全面而有个性的发展。

3. 我们深信每个学生都是可教的。可能性是教育者的信仰。

教育的全部假设都是建立在儿童具有可能性和可教性的基础之上，舍此，教育无从谈起。

在教师的心目中，不应该有所谓的坏学生和差学生，只有心智还不够健全的学生；学生在成长道路上犯的错误，就像学习走路的幼儿跌的跟头，绝大部分跟道德品质没有多大关系。每一位学生都是一个世界，我们要十分小心地呵护，即使它是不完整的。生命有缝隙，是为了让阳光照进来。

每一株植物都有自己的花期，每一个儿童都有自己的成长节奏。我们将以七分等待、三分唤醒，帮助每一位学生发现自己，唤醒自己，最终成为更好的自己。

4. 我们深信学校因学生而存在，教师因学生而相聚。我们要组织一切可能的资源为学生成长服务。

《青岛中学办学大纲》中指出，学校永远把学生成长放在第一位，以法定的非营利性质，增强学校的号召力，组织所有可能的资源为学生成长服务。

青岛中学视学生成长为第一利益。当学校利益、教师利益、家长利益与学生成长的利益发生冲突时，我们必须毫不犹豫地选择优先保护学生成长的利益。

学校的成就、教师的业绩唯以学生的成长进步证明，舍此无他。把每一个学生放在心上，是我们的价值追求。

5. 我们深信只有关注每个学生的成长，才是真正地面向全体。个别化是我们坚持的教育原则。

群体是由个体组成的。

我们从关注每一类学生到关注每一个、这一个学生。我们为每一位学生设计具有丰富性、选择性的课程，以满足不同学生的个性化成长需求。即便某门课程只有一个学生选择，学校也会为他开设这门课程。学校实行个性化的教育教学组织形式，为每一位学生成立成长责任中心，最大限度地对每一位学生进行个别化援助。

为了学生的个性化成长，我们将个别化进行到底。

6. 我们深信教师是学校的第一资源。只有学校把教师放在心上，教师才会把学生放在心上。

我们深知，唯有卓越的教师队伍，才能实现青岛中学的办学目标。

我们必须首先做到的是，竭尽全力为教师提供一流的、超出预期的工作环境和生活条件。

解除教师的后顾之忧，满足他们不同层次的需求，我们责无旁贷。

7. 我们深信良好的师生关系是教育的前提。我们要将师生关系变成"我与你"的关系，而不是"我与你们""我与他们"的关系。

教育学首先是关系学。亲其师，才会信其道；如果学生讨厌你，那么你的教育还没有开始，就已经结束了。

教育本质上是师生之间无止境的相遇和对话。我们应该将学生从集体的标签中置换出来，使他成为具体的个人；将学生从宾格的"他者"中置换出来，使他成为主格的"你"。我们要构建"我与你"的主体间性的关系，在"我与你"的相遇和对话中重建教育的意义。

8. 我们深信诚以立人，爱以致远，感恩是幸福之源。诚信、感恩和爱是青岛中学师生的必备品格。

在青岛中学的标志图形中有三根支柱，分别代表诚信、感恩和爱，这也是青岛中学师生的必备品格。我们希望传递诚以立人、爱以致远的价值主张。

9. 我们深信只有拒绝平庸，才能完成我们的使命。当每一件事都达到一流水准的时候，学校才可能达到一流水准。

优秀是卓越的大敌。我们力争在每一件事的标准基础上再多做 10%，以提供超出期待的体验。

10. 我们深信教育需要仰望星空的情怀和脚踏实地的实干精神。有了理想的指引，我们才不会失去方向，不会被功利所裹挟；我们只有贴着地面行走，才能行稳致远。非常理想，特别现实，我们致力于做贴着地面行走的理想主义者。

教育是理想主义的事业，需要激情与梦想、责任与使命、理想与追求、尊严与操守。
教育需要信仰，需要理想，需要知其不可为而为之的执着、虽九死其犹未悔的信念。
教育需要教育人坚持不懈的点滴实践与努力，积跬步以至千里，聚细流而成大海。

莫让价值观成为翻领上的别针

> 价值观是领导力的影子，一个人职位越高，其价值观投射的影子就越长。
>
> ——李希贵

美国的梅奥诊所是世界上最大的私人医疗机构之一，也是全世界的医学圣地。梅奥诊所的首席执行官格伦·福布斯（Glenn Forbes）说过这样一段话："如果你只是宣称有一种价值观，而并没有将它融入组织的运营、政策、决策、资源配置以及文化之中，那这种价值观也就仅仅是一句口号而已。"[①] "任何组织创立并总结宣称的价值观起初只是一派空话，只是翻领上的别针。"[②]

一、学校的价值观首先是用来约束领导者的

如何避免学校的价值观成为挂在墙上的口号，或者只是翻领上的一枚别针，或者只是组织文化中一抹道德口红？

首先，价值观是用来约束领导者的。学校价值观能否真正落地，关

---

①② 贝瑞，赛尔曼. 向世界最好的医院学管理[M]. 张国萍，译. 北京：机械工业出版社，2015: 20, 44.

键看学校领导者是否言行一致、始终如一、身体力行地践行核心价值观。李希贵校长说过这样一句话：价值观是领导力的影子，一个人职位越高，其价值观投射的影子就越长。也就是说，核心价值观是用来给领导者戴紧箍咒的。他在《学校制度改进》一书中引用了一句话："决策者总是希望制定能够让下属遵循的价值观，其实，恰恰相反，他们只需要制定他们自己必须做到的原则。"[1] 所以，学校领导者必须以实际行动践行学校的核心价值观，特别是在两难情境和冲突中，坚持以核心价值观来解决问题将是对价值观无声却有力的宣示。

其次，学校应将核心价值观与教职工的评价、聘任和薪酬等核心制度结合起来。价值观在初始阶段需要由相关的制度来保障，久而久之才可能形成一种文化，让人们自觉遵循和践行。青岛中学的核心制度都是基于自己的核心价值观，即一切以学生的成长为衡量标准。学校每年进行教育教学诊断，并实行教职工双向聘任制度，在这些与教师切身利益相关的重要环节中，教师的价值观是重要的考量因素。

最后，学校领导者应用核心价值观选人、用人。青岛中学在招聘教师时，除了学科能力测评外，还有两个环节，一是无小组领导讨论，二是校务委员集体面试，这两个环节主要是考查应聘者的教育价值观。必须在招聘环节将那些热爱教育、热爱学生且有正确的学生观、教育观的应聘者筛选出来。

教育是极其个性化、复杂、重要的工作，是个良心活，需要情感的付出，需要奉献精神，需要教育情怀。说白了，教育情怀并不是培训出来的，而是发自内心的，是潜在的价值观在起作用。因此，对教育工作者来说，价值观第一，比能力更重要。

教育关系到民族和社会的未来，关系到学生的成长，学校领导者必须以正确的教育价值观来引领学校办学，通过自身的践行和坚守，让学校的核心价值观落地生根，使它真正成为学校领导者和教职工的思想及

---

[1] 李希贵.学校制度改进[M].北京：教育科学出版社，2021：184.

行为指南，真正为学生成长和社会发展服务，而不仅仅是挂在墙上的一句口号，或者是别在翻领上的一枚别针。

二、学校价值观应当表达彻底的学生立场

青岛中学创办之初，李希贵校长撰写的《青岛中学办学大纲》中明确了学校的核心价值观："青岛中学视学生成长为第一利益。当学校利益、教师利益、家长利益和学生成长的利益发生冲突时，我们必须毫不犹豫地选择优先保护学生成长的利益。"这是我们的核心价值观，也是我们坚守的学生立场。

在 2019 年教代会上，我们将《青岛中学办学大纲》中关于核心价值观的描述提炼成一句朴素的话语："把学生放在心上"，英文译为 students' growth first。其实，就是学生成长第一。青岛中学视学生成长为最高利益，学校组织所有资源为学生成长服务。这个核心价值观是学校全体教职工的价值指引与行为逻辑，它揭示了学校教育的全部意义。

价值观本质上是一种信念，它表明我们相信什么、珍视什么、倡导什么、践行什么，它是我们深信不疑的信念和行为指引。

2020 年岁末，建校满三年的青岛中学在办学大纲的基础上，发布了《青岛中学行动纲要》（共 9 章 68 条），宣示了自己的价值追求。《青岛中学行动纲要》的序言开宗明义地提出了十条教育信念，这也是我们的价值宣言。

这十条价值宣言，是对学校核心价值观"把学生放在心上"的具体阐释。另外，《青岛中学行动纲要》还具体阐述了学校管理者和教师的教育行为的价值指向。

学校的核心价值观一定要从教育的目的出发，从育人出发，从学生的成长出发。《青岛中学办学大纲》指出："学校因学生而存在，教师因学生而相聚。学校的发展，教师的成长，都是为了学生成长服务，舍此

无他。"我们正是在教育伦理的追寻中，确定自己的核心价值观。

三、学校价值观应当具有教育伦理基础

价值观应该要有伦理基础，这样才能长久。价值观应该为组织内外所有相关人员所共享，如果任何一方感觉被该组织及其文化剥削和利用，那么组织所宣称的价值观就面临破碎瓦解的风险。

在青岛中学，管理者、教师、学生和家长形成了教育价值共识，形成了一致性的组织价值链。比如，我们通过《青岛中学师德公约》约定教师的品德规范，进一步诠释了"把学生放在心上"的核心价值观。《青岛中学师德公约》中有这样的条款：

——学生在您心目中的地位有多高，您在学校中的价值就有多大。您可以有自己的个性甚至缺憾，但绝不可以轻慢学生、忽视教学。

——世上没有完美的学生。在您的心目中，不应该有坏学生，只可有心智发育不成熟的学生。学生在成长道路上犯的错误绝大部分跟道德品质没有多大关系。

——请不要轻易埋怨学生，更不得以任何理由讽刺、挖苦、歧视、辱骂、体罚或变相体罚、虐待伤害学生。在教育教学效果不如意时，请先检视自己，而不是苛责和惩戒学生。

…………

当然，学校希望教师将学生放在心上，就应当首先把教师放在心上，将教师看作学校教育的第一资源，竭尽全力为教师提供超出预期的、一流的工作环境和生活条件，解除他们的后顾之忧，满足他们不同层次的需求。

家庭与学校是教育合伙人，双方共同培育学生，促进学生健康成长和全面发展。家校之间应具有高度统一的教育价值观，以形成教育合力，

指向共同的教育目标。

在《青岛中学办学大纲》中，有这样一句话："我们绝不奢望满足所有人的教育诉求，我们只寻求有共同教育价值观的家庭合作。"学生入学时，学校和家长要共同签署一份《家校协议》，这份协议其实就是双方共同遵循的教育共识与价值观。

《家校协议》中有这样一些内容：

——人无完人，请不要希望您的孩子近乎完美；每个孩子的成长都是螺旋式上升的，我们要以七分等待、三分唤醒，帮助孩子发现自己，唤醒自己，最终成为更好的自己；对待孩子的学习和成长，希望您既不要过分干预，也不要不闻不问，请您与老师携手，找到二者之间的平衡。

——每个孩子都有属于他自己的成长轨道，请不要把自己没有实现的理想强加在孩子身上，尊重孩子的选择，让孩子按照自己的意愿成长。

——犯错误是每个孩子的权利，每个孩子都是在犯错误—改正错误—再犯错误—再改正错误的循环中逐渐长大和成熟的。即便如此，当您的孩子违反了学校的某些规则或规定的时候，希望您一如既往地尊重这些规则和规定；当有人批评您的孩子时，也希望您不要勃然大怒。如果您的孩子严重触碰了学生规范的底线，且经劝诫仍不改正，就必须接受学校相应的惩戒。

——"术业有专攻"，我们崇尚专业的人做专业的事；我们鼓励家长就学生的学习活动提供反馈，与我们一起建立家校共同体，但在任何时候我们都不会接受家长对教师和班级的挑选、对正常教学工作的干预。

——请不要把社会上一些不良的交往方式带到学校，老师将谢绝任何来自家长的礼品，不会参与家长的宴请；让我们共同努力，为孩子创造一个纯净的成长环境。

…………

家校协同的关键是建立共同的教育价值观。在一个家庭中，如果父亲和母亲的教育观不同，孩子或者无所适从，或者学会钻空子，功利性地选择站在有利于自己的一方。家校之间也是这样，只有形成一致的教育价值观，才能形成教育合力，让孩子在一个稳定的价值序列中规范自己的行为，才能避免 5+2=0 的情况。

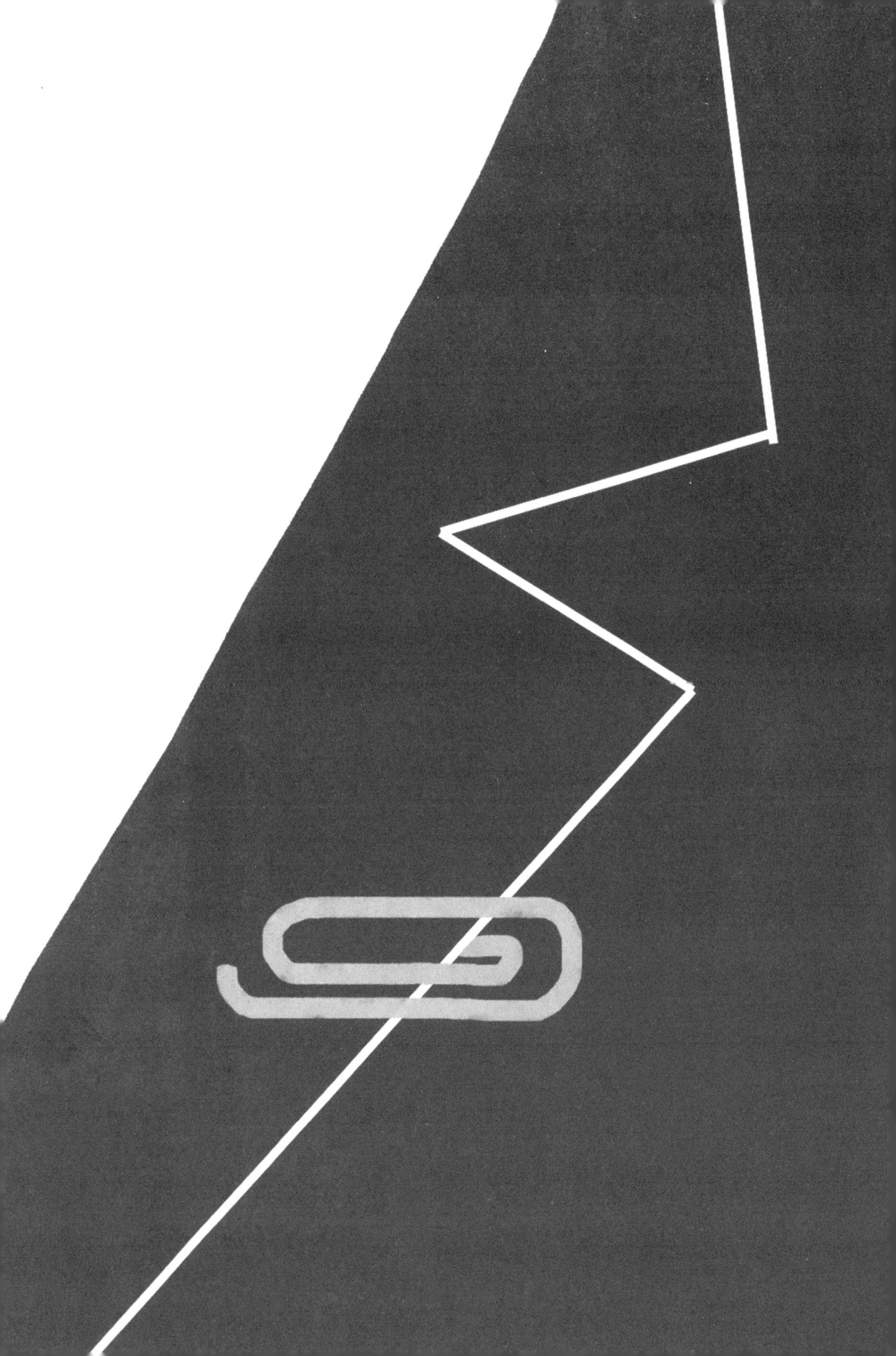

校长应警惕自己成为组织的天花板

> 在一个组织中,领导者往往容易成为组织的天花板,或者说领导者自身往往成为组织发展的瓶颈。

在一个组织中,领导者往往容易成为组织的天花板,或者说领导者自身往往成为组织发展的瓶颈。

造成这种情况的原因大致有两个:一是组织机制,二是领导者自身。从组织机制来看,若领导者成为组织中唯一做决定的人,那么领导者就容易成为组织的天花板。从领导者自身来看,若领导者长期处于组织的高位,权力带来的过度自信和骄傲,会使领导者往往囿于自身的偏见与固执,容易成为组织发展的瓶颈。

一、用群体智慧代替个人决策

在学校管理中,领导者"可恃而不可恃也"。一方面,一个好校长可以成就一所好学校,校长是学校的火车头,校长个人的眼界、能力、情怀决定着组织发展的速度、力度和高度。另一方面,人无完人,如果学校的所有事情最终都由校长一人做决定,天花板必然产生,所以必须以相应的机制来弥补个人的不足,保证决策的科学性。

在学校决策中,一言堂的个人决策机制容易将领导者个人的缺点和不足放大。校长负责制的本质应当是组织决策而非个人决策，只不过是在大家意见相左的时候，校长可以在民主的基础上集中，做最后的决策并负相应的责任。民主决策的机制是决策科学性的基本保证。

学校决策要特别珍惜和注重相反的意见。美国通用汽车公司内部有一条规定，叫作"无异议时慎决策"。有一次，该公司的总经理见大家对某一个新方案没有任何争议，就宣布休会，并宣布什么时候能听到激烈的辩论什么时候再开会讨论。有时不做决策也是一种决策。

所以，学校领导者在进行民主决策时，要重视相反的意见，谨防群体迷思。有时候真理往往掌握在少数人手里。学校领导者要鼓励决策成员从相反的角度去思考，有时可以指定少数人充当反面角色，故意提出反对意见，以激起争议和辩论。

对于专业性较强的事务，要让专业人士参与决策。青岛中学成立了学术委员会，专门处理和学术相关的职称评审、教学评价、科研成果评选等决策。学术委员由普通教师担任，目的是将学术权力和行政权力分开，行政权力不得越位。其他诸如教师招聘、信息化、建筑工程等专业性强的事务，学校均组织相应的专业委员会进行决策，校长为首的行政决策团队不能越俎代庖。

学校还要降低决策重心，让一线的基层人员参与决策。青岛中学实行学部制，采用扁平化的组织结构，减少层级，给基层赋权；年级实行分布式领导，各负其责；将日常决策授权给学部和年级，让基层有职、有权、有责，降低管理和决策的重心，让听见炮声的人指挥战斗。

美国诺贝尔文学奖获得者托妮·莫里森（Toni Morrison）说："如果你有一些权力，那么你的工作就是赋予其他人权力。"学校领导者要主动给自己限权，切割权力链条，防止权力过分集中。要给基层赋权，当基层有职、有权、有责时，创新和创造就会不断涌现；要给下属授权，你授予的不仅是一份权力，也是一份信任，一份责任；要发挥每个人的长处，当大家的主动性、积极性和创造性被激发出来时，领导者个体的局限性和天花板就被突破了。

二、认知谦逊是一种美德

学校领导者个人的修养和谦逊品格非常重要，也非常难得。领导者一般都有过人之处，大多数领导者比较强势，甚至有些固执。而权力带来的自信往往让领导者囿于自己的偏见和固执，而下级又常常将领导者的意见当作命令和指令。于是，天花板就产生了。

没有人能知道所有事情，每个人都只能看到事物的一个侧面。真正的无知并不是不知道，而是不知道自己不知道。人的认知可以分成四种情况：知道自己知道，知道自己不知道，不知道自己知道，不知道自己不知道。前两者是有自知之明，后两者是没有自知之明。第三种情况容易让人过度自卑，第四种情况会让人盲目自信，以至于固执己见，这就是真正的无知了。

正如让－雅克·卢梭（Jean-Jacques Rousseau）所说："人之所以走入迷途，并不是由于他的无知，而是由于他的自以为知。"所以说，真正的无知是对错误和偏见的笃定不移，并且全力以赴捍卫它。

在古希腊德尔菲神庙门楣上镌刻着这样一个神谕："人啊！认识你自己。"古希腊哲学家苏格拉底（Socrates）也有一句格言："认识你自己。"是的，个体对自己的认知总是有局限的。我们总是能看清别人身上的缺点和优点，但对自己的缺点和不足往往不甚了然。

其实，认知谦逊是学校领导者非常难得的一种重要品质。谦逊并不是软弱，也不是作秀，更不是优柔寡断，而是对自己的无知和局限性保持警惕，对不同意见保持开放，对不同的专业领域保持尊重。

学校领导者要建立获取诚实意见的渠道，善听异议，博采众长。在讨论决策时，让大家轮流发言，耐心听取别人的意见，并总是在最后提出自己的意见。学校领导者保持认知谦逊，也就保持了自身的开放性，避免自身的固执和偏见影响组织决策与发展。

三、适时启动第二曲线

英国管理学大师查尔斯·汉迪（Charles Handy）提出"第二曲线"理论。这一理论的核心意思是，组织或个人到达顶峰以后，就开始走下坡路了，所以要在第一曲线达到顶点之前，启动第二曲线，寻求新的成长。

这一理论同样适用于学校领导者，在快到天花板之前，学校领导者要重新出发，启动第二曲线，主动突破自己成长的天花板。这需要学校领导者始终保持打开自己的状态，不断接受新的信息和挑战，不断寻找新的制高点，加强学习、实践和反思，持续成长，不断创新。

如果某一天，学校领导者感到力不从心，或者到了职业的高原期而始终无法突破，那就要考虑适时主动让贤，让更具成长性的年轻人带领学校向上突破，避免自己成为学校发展的天花板。当然，培养新的领导者也是学校领导者的重要工作，从某种意义上说，这也是另一种形式的第二曲线。

如何宣介你的学校

> 理念中无故事，故事中有理念。

怎样宣介你的学校才能够打动人心？宣介的主要原则和策略是什么？

宣介的本质是传播，传播有五个基本要素：首先，定位传播者是谁（who）；其次，确定传播的内容（what）；再次，考虑用什么方式传播（how）；从次，确定传播的对象（whom），也就是受众，它决定着我们的传播视角和传播方式；最后，考虑推介的效果如何（how）。

我们在介绍学校时，或者在设计学校的形象产品，比如制作宣传片或者宣传册、编辑和维护学校公众号时，可以分别从传播者、内容、方式、受众、效果这几个方面去思考，重点要考虑以下几个问题。

一、成人视角还是儿童视角

在宣传学校的时候，第一个要考虑的问题是遵从成人视角还是儿童视角。常见的学校画册、宣传片和公众号往往偏重于成人视角，好像这些内容是做给领导看的，是做给成人看的，但恰恰忽视了学校是学生的学校，学生是学校的主体。

成人视角多是外部视角，是从高处的俯视，是从外部的观看，似乎总有一层隔膜；儿童视角是内部视角，他们生活在其中，所以他们的视角是内观，是平视，真实、深入而自然。

成人视角的推介大多是讲办学理念和办学成绩，往往显得空洞、程式化。一般的学校宣传画册的首页可能是校长、书记的照片，或者是学校概况，介绍学校的历史和成绩，或者展示各级领导对学校关怀的照片。行政化色彩有余，而教育温度不足。

儿童视角则有所不同。我第一次看到北京十一学校的画册时，觉得它别具一格。第一页、第二页是学校的全景图，上面只有一句话："不一样的学校"。第三页、第四页是三个学生在操场上骑着独轮车的画面，上面有四行字：我们的使命／创造适合学生的教育／将十一学生塑造成值得信任的卓越的品牌／把十一学校建设成为受人尊敬的伟大的学校。没有过多的文字阐释，也没有校长或其他领导的照片。这是从学生视角出发，学生并不喜欢大段的文字和空洞的理念。这样的画册非常有冲击力，特别能够抓住人。

学校是抽象的，师生则是学校具象的代表。学校的主体是学生和教师，所以学校形象推介应该定位为学生视角，更多地宣传学生和教师，而不是宣传校长和领导。

二、介绍成绩还是推介产品

一般来说，传统的学校形象产品大多注重介绍学校的光荣历史和办学成绩。比如，历史上有几个高考状元，有哪些杰出校友，学校获得了哪些奖励，等等。学校不能没有历史，但学校的形象推介重点不在于历史，而应着眼于现在和未来。

如果我们去一家餐馆，我们看它的宣传册，一定是想看看它的特色菜品，而不是它的经理或者大厨，更不是它曾经获得的奖项。

学校的宣传品也是如此。人们最主要想了解的是学校的核心产品。那么学校的核心产品是什么呢？就是学校的课程。因此，学校推介的最重要内容应该是自己的课程。

我曾经去日本、韩国和美国的多所学校参访，看到它们的宣传册的主要内容是介绍学校的课程。但是在国内的学校参访，我很少见到学校宣传册上介绍自己的课程，即便有所涉及，也仅是介绍一些特色的校本课程，而缺乏完整的课程体系，并没有将课程作为核心内容来推介。

我曾经看过北京十一学校国际部的宣传册，大部分篇幅用来详细介绍学校的三大国际课程，展示自己的主要产品和核心竞争力，具有极其浓郁的教育情调和较高的学术品位。

三、展示空间还是展示场景

有些学校的宣传册或宣传片为了展示学校的办学硬件，往往着力宣传学校的豪华空间和高大上的设施设备，比如体育馆、图书馆、艺术中心、实验中心、学科教室等，但展示的空间当中却空无一人。这是一个误区。空间不空，学校的空间是为人服务的，只有人才是学校的主体，有人的空间才有生命。

所以在进行学校形象推介的时候，重点展示的不应是空间和设备本身，而应是学生和学生的活动场景。空间中有了人的活动，也就有了生命力。我见过北京市十一学校龙樾实验中学展示学科教室的图片，它所展示的并不是一个空的教室，而是教师和学生一起制陶的场景。这样的场景图片因为师生的存在而更有吸引力和冲击力。

四、推销还是传播

学校形象推介的最主要目的是传播，而非推销。推销一般会过多地讲成绩、讲理念，有"王婆卖瓜，自卖自夸"的嫌疑。传播则侧重于展示，通过展示学校的校园生活来吸引人和打动人，同时传播学校的价值观，让受众有所收获。

首先，我们应该尽可能多地展示学生的校园生活和教师风采，尽可能少或者不宣传学校领导。学校是育人的场所，是学生学习和成长的地方，在推介学校的时候我们应该淡化行政色彩，增加教育意味。

其次，我们在做学校形象推介的时候，一定要有受众意识，要传播那些别人想知道的，而不仅仅是我们想说的，要站在对方的角度思考：人们希望知道什么，我们应该传播什么。要善于挖掘那些有深度、有价值的信息，而不是泛泛地介绍学校。

最后，对于学校的办学成绩，能够让别人去讲的，我们自己就少讲或不讲。自己宣传自己的成绩，就难免有推销的痕迹。第三方传播会更加客观和公允，也会给受众带来更好的心理体验。低调的风格往往会获得更好的传播效果。

五、讲理念还是讲故事

理念中无故事，故事中有理念。如果你想传播学校的办学理念，最有效的办法就是讲故事，而不是空洞地讲理念。人天生喜欢听故事，工作报告似的介绍很难让人感兴趣，也很难给人留下深刻印象。

青岛中学的宣传片《不负芳华》讲述了三个学生的故事，通过三个学生的校园生活展示学校丰富多彩的课程和学习体验，具有可视性、吸引力和感染力。

讲好学校故事最重要的是什么？我认为有四个关键词：角色、角度、情感和创意。

第一是角色。学校故事里面一定要有典型的和有代表性的人物角色，当然这个角色可以是不同人物的聚合。角色会让人有极强的代入感。

第二是角度。我们应该选择合适的切入点，用新颖的、陌生的角度去讲熟悉的故事。要给人以新的视角、新的启发、新的思路、新的借鉴意义，新奇才能抓住人。

第三是情感。故事一定要真实、有温度，能引发观众的情感共鸣，把观众带到故事当中。

第四是创意。故事要有设计感，别具一格，让人感觉有悬念，有冲击力，在形式和内容上能打动人心。

毫无疑问校长是学校故事的播种者和讲述者，但校长不能孤军奋战。要创造条件和氛围，让广大师生成为故事的生产者、主动的传播者；也可以请那些认同学校理念、善于挖掘故事、善于呈现与传播故事的专业人士来指导学校讲好校园故事。

学校组织结构如何为基层赋能

> 在一个组织中，90%的问题是由管理导致的，只有10%的问题是由员工造成的。一个好人若被放在一个有问题的结构中，也会变成一个坏家伙。

结构决定性质。结构不同，物质的性质也不同。金刚石和石墨都是由碳元素组成，但二者的碳原子排列结构不同，造成二者之间物理性质的巨大差异，进而决定了它们具有不同的功能。

物质如此，组织也是这样。不同的组织结构，决定了组织具有不同的功能。比如军队和行政机关一般采用层级式组织结构，层次清晰，等级分明，上对下逐级指挥，下对上逐级请示，这样的组织结构强调的是控制与效率，有利于上传下达，能确保政令畅通，令行禁止。

企业或公司一般采用矩阵式组织结构，条块分割，泾渭分明，横向与纵向双线领导，双重归属，这样的组织结构强调的是分工与合作，有利于专业化的管理和服务。

现代创新型知识组织一般采用网络化组织结构，弱化中心，淡化层级，注重连接，增强弹性，这种组织结构强调的是平等和互动，有利于发挥每个人的主动性和创造性，有利于激发组织的活力和创新能力。

学校作为一种组织形式，其组织结构改变，组织的性质和功能也会随之改变。一所学校是强调控制还是强调赋能，是向上负责还是向下负责,是封闭还是开放,是管理还是服务,都直接与学校的组织结构相关。

长期以来,我们中小学校的组织结构一成不变,基本与上级教育行政部门相对应,沿袭行政性组织的科层制结构,行政化色彩较浓,而且同形复制,全国各地的中小学校大同小异。

近年来,也有若干所学校探索组织结构的变革。比如,北京十一学校进行的扁平化组织结构改革,给基层放权和赋能;北京大学附属中学采取书院制和学院制相结合的矩阵结构,打破年级和部门的边界;一些小微学校采取网络化、扁平化的组织结构,增强管理的灵敏性;一些民办学校引进企业管理模式,提高管理效率;等等。这些尝试为现代学校组织结构变革做出了有益的探索。

青岛中学在建校伊始,就进行了组织结构的设计,采用扁平化的组织结构。主要思路是实现组织结构的扁平化和管理的专业化,为基层赋权赋能,最大限度地提高基层的主动性、积极性和创造性。那么,如何调整组织结构,才能真正为基层赋能呢?

第一,组织结构扁平化,让听见炮声的人指挥战斗。青岛中学实行扁平化的组织结构,增加领导跨度,减少管理层级,由学部和部门负责人组成校务委员会,他们既承担基层管理职责,又具有决策权力。同时转变职能,将常规的中层职能部门转变为服务性的支持部门,引入内部客户关系,让中层职能部门从管理走向服务,服务一线,服务教育教学,服务师生成长。实行行政管理专业化,将与教育教学相关度不大的行政性事务剥离出来交由行政职员处理,把时间还给教师,把教师还给学生。最重要的是给基层赋权,给最有可能出效益的年级、学科组、教研组充分授权,给离学生最近的人授权,将预算权和教师聘任权下放到年级和学科,让年级、学科具有人、财、物的支配权和相应的决策权,让所有权力和资源服务于学生的成长。

第二,避免基层组织结构层级化。学校将权力充分授予年级,但要避免在年级这个层面的层级化管理。各年级实行分布式领导,每个教师在各自的分布式岗位上都是领导者,全权负责相应的管理事务。同时,在年级组和学科组中，倡导多元中心的网络化组织形式，让每个人都成为与他人的连接点，让每个人都成为自中心，最大限度地发挥每个成员的能量。另外，在基层不断划分小组织，并让这些小组织的责、权、利对等，既拥有相应的权利，也负有相应的职责。

第三，建构以师生为中心的管理流程。组织结构是通过结构设置，建立一种硬约束；管理流程则是通过优化程序，建立一种软约束。我们应以师生的生活、工作、学习为线索，梳理和重建管理流程。也就是说，管理流程必须方便师生而不是方便管理者。因为管理流程一般都是管理者制定的，所以流程的制定一般总是以方便管理者的工作为出发点，结果往往是方便了管理者，却给师生带来不便。比如，办公用品一般是由后勤部门统一采购、统一配送，这样比较方便管理者。但是全校的教职工作为使用者，所需要的办公用品并不一定是完全相同的。我们的做法是，后勤部门联系好供应商后，教职工在一定的限额范围内自主选购，这样就能最大限度地满足教职工的需求，也不至于造成结构性浪费。另外，尽可能以信息化手段重构管理流程，比如，可以让供应商给教职工指定专门的网上选购平台，以方便教职工自主选购办公用品；可以让校服生产商给家长推送专门的网上订购平台，方便学生和家长订购和调换校服。

总之，结构决定功能。好的组织结构，能够为学校基层赋能。好的组织结构，能够极大地激活和释放学校基层的活力、潜力和创造力，同时能够改变学校中能量的方向，将组织的能量聚焦于学生的成长，并且能够有效减少信息和能量在传导过程中的耗散与扭曲，高效地传导能量。

学校制度是制动器，更是发动机

> 制度是制动器，更是发动机，不然，一个组织将裹足不前。
>
> ——李希贵

我读完李希贵校长的著作《学校制度改进》后，收获良多。这本书的扉页上面有这样一段话："制度是制动器，更是发动机，不然，一个组织将裹足不前。"[①]

是的，制度有双重作用：一方面，制度是制动器，主要限制和禁止人们的不当行为；另一方面，制度是发动机，侧重于激励和引导人们的良性行为。

但是我们发现，一般学校的制度往往侧重于制动作用，也就是限制和禁止，而忽略了激励和引导功能。这也反映了管理者的人性假设。管理者总是习惯于从人性恶的假设出发，认为如果不加限制，人们就会倾向于做出不当的行为，因而制度的制定总是从禁止的角度出发。

其实，管理的全部奥秘在于如何激发人们内在的主动性、积极性和创造性，制度亦然。激励什么，就会出现什么。我们相信每个人都具有向善、向美的天性，合理的激励和引导会促使人们做出积极有益的行为。

[①] 李希贵.学校制度改进[M].北京：教育科学出版社，2021：扉页.

我们常常说，学校管理者要学会从管理走向领导。在我看来，管理往往更偏向约束与规范，领导则更偏向激励与引导。因此，从管理走向领导，就不仅仅要重视学校制度的规范、限制和禁止的制动功能，更要重视学校制度的促进、激励和引导功能。

在拟定《青岛中学小学生手册》的时候，我们要求老师多从正面的要求着手，多用"应当、应该……"这样的正面词语，尽量不用"禁止、不得、不准……"这样的负面词语。

在小学生的日常管理中，我们引入校园代币的机制，来激励学生的良性行为。校园代币是流通于校园中的学生专属"货币"，不同的学部有属于他们自己的专属"货币"。这些代币由学生设计创作，由学校印刷并流通。我们将小学生的校园代币命名为"时光币"，寓意为"一寸光阴一寸金"。在日常的学习生活中，学生只要有良好的表现，便可以获得一定数量的时光币。在每年的跨年狂欢节及青博会上，学生可以凭借时光币购买心仪的物品。这个机制可以激励学生在学习和品行方面积极追求上进，并在这个过程中体会学习的趣味性与成就感。

我们在拟定《青岛中学初中生手册》的时候，就在思考如何采取正面激励的方式，培养学生的规则意识、自律品质和自主能力。手册中有这样一段话："自律不仅是自觉与习惯，更是一种品质和修养。激励机制旨在帮助同学们提高自律能力。当同学们自觉遵守规则、主动挖掘并唤醒自身潜能、表现出色时，将获得激励，并可能获得更大自由、更多权利。"

为此，我们设计了如下激励制度。

一是"青蓝荣誉勋章"制度。"青蓝"的寓意为"青出于蓝而胜于蓝"。青岛中学初中部实行的"青蓝荣誉勋章"制度采用积分模式，涵盖了学生的课程学习、活动实践、日常行为等各个方面。我以德育课程为例进行说明。策划一次活动，团体得 4～8 分；个人参与一次活动，表现良好得 1 分、优秀得 2 分；运动打卡合格得 1 分、良好得 2 分、优秀得 3 分；参加义工每学期得 1 分；主持升旗仪式并演讲，每次得 1

分……在积分达到一定数量后，学生就能获得一枚精致的勋章，这些勋章分别对应一些附加的权益。比如，学科活动达到 8 个积分可以获得"博学多识"勋章，享有优先选择导师的权利、增加 5 个成长星等；在公众号上发表文章并获 5 个积分，可以获得"妙笔生花"勋章，并获赠喜爱的书籍；行为表现良好达到 10 个积分，可以获得"嘉德懿行"勋章，享有优先选择游学线路的权利等；获得"电脑使用荣誉勋章"后，使用电脑不受时间、地点的限制。除此以外，单项勋章还可以累加兑换综合勋章，综合勋章也会带来一些综合性的权益。

我们还设置了成长星选课制度，这是青岛中学支持学生选课的一种方式。成长星类似于拍卖会的筹码，默认为每人每学期 100 个，最终筹码的多少取决于学生在上学期选课后的课堂表现。学生要根据自己的选课偏好，运用成长星来选择心仪的课程，提高选课的成功率。

二是荣誉褒奖制度。初中部设有荣誉自习室和荣誉考场。荣誉自习室没有教师监督，自律性强的学生自主提交申请，经年级管理委员会批准后，即可进入。荣誉考场没有教师监考，自律性强的学生可自主申请，并与年级管理委员会约定后即可进入。荣誉考场与荣誉自习室一样，是对学生的认可与激励，也是一份极高的荣誉。

在这个基础之上，我们对高中生的培养更侧重于目标引领和价值引领。高中部设置年度荣誉学生表彰项目，这是学校的最高荣誉；高中部设置各类奖学金 24 种，另外还设置学生自主申请、自主命名的奖项。每个高中生都要进行未来的生涯规划，并在十年级完成自己的人生目标发布会。我们希望以高远的人生目标激励学生成长。

当然，我们也有惩戒制度。学生若在学术诚信、道德品质等方面有触碰底线的行为，我们会给予严厉的惩戒。惩戒方面的制度设计，应当遵循"少即是多"的原则，将一些不可碰触的底线要求明确提出来，而不是事无巨细地罗列学生的限制性行为。在规范学生行为的同时，注意不要窒息了学校的活力和学生的天性。所以，在涉及学生的制度设计方面，我们更加注重对学生行为的引导和激励。

在青岛中学20万平方米的建筑内，有一个特别的现象：能不用台阶的地方尽量不用台阶，而是用缓坡处理。这是李希贵校长当年对青岛中学建筑设计的一个特别要求，他的用意是让学生可以自由奔跑。

学校里关于学生的制度设计也是这样，我们设计的制度不仅要限制学生的不良行为，同时还要激励和引导学生朝着正确的方向、沿着正确的轨道自由奔跑。制度既是约束，也是促进，只有这两方面结合起来，才是制度真正的要义。

制度中的"度"

> 让我们苦恼的是,一个制度的诞生,不仅难以达到预期的效果,反而经常带来一系列新的甚至更大的问题。
>
> ——李希贵

有人说,管理是度的艺术,凡事过犹不及;制度亦然。正如李希贵校长在《学校制度改进》一书中所说:"让我们苦恼的是,一个制度的诞生,不仅难以达到预期的效果,反而经常带来一系列新的甚至更大的问题。"[①] 所以,我们在制度的设计过程中,应当考虑制度的平衡、制度的成本,考虑制度的程度、尺度和限度等问题。

一、制度是度的艺术——激发人性中的善而非恶

我们在进行制度设计的时候,要有系统思维和平衡思维。有时候我们可能只考虑到要解决这个问题,而忽略了次生问题,或者只考虑到问题的这一方面,而忽视了问题的另一方面。我们若用力过猛,超过了一定的度,失去平衡,便会引发另外的问题,甚至引发的次生问题的危害,有可能大于所解决的问题的危害。

---

① 李希贵. 学校制度改进 [M]. 北京:教育科学出版社,2021: 1.

如果制度激发了人性中的恶，那就涉及制度的伦理性问题，这样的制度还不如没有。

比如，学校设计教师奖励制度，出发点是为了激励教师，激发教师心中向上、向善的力量。然而，到底奖励到什么程度？用什么方式进行奖励？要想清楚这些问题，我们需要系统思维并把握平衡。如果奖励的方式和程度失当，就有可能刺激人性中魔鬼的一面，走向激励的反面。

教师的绩效奖励制度是评价个体还是评价团队？如果我们注重评价教师个体，势必会引起教师个体之间的过度竞争甚至是不当竞争，导致教学资料相互保密，合作分享流于形式，这是人性使然。长此以往，还会形成利己主义的团队文化。如果我们注重评价团队，就有可能激发教师之间的互助与合作精神，进而营造合作与分享的团队文化。

对教师的绩效奖励到什么程度也需要考量。奖励本身是激励的手段，而不是目的。若奖励的利益超过一定的额度，就可能引导人们过度关注利益本身，而忽视了需要激励的行为，将手段当作目的。这就有可能刺激人性的弱点，引发不恰当的行为，扭曲奖励的初衷。而且，若奖励的额度过大，有可能放大奖励制度的缺陷，让人钻制度的空子，进而破坏学校的奖励文化。

所以我们设计制度，一定要全面系统地思考，注意平衡涉及的各个方面，掌握一定的度。若制度失度，有可能带来新的甚至更严重的问题，有可能违背制度设计的初衷，甚至走向制度设计的反面。

二、把握制度的尺度——降低制度性成本

20世纪90年代，学校修建塑胶田径运动场还比较稀奇，于是，一些学校会对运动场进行管理，在运动场四周竖起围栏，围栏要上锁，还要有一个管理员负责每天定时开门、锁门，定时开放。这样的运动场管理制度属于过度管理，增加了不必要的管理成本。

制度的实施和执行是有成本的。若一个制度的执行成本，大于问题

本身带来的成本，我们就要考虑制度是否合理。

十多年前，我听一位民办学校的校长介绍，他们学校的图书馆是开放式、自助式的，没有专门的管理员，师生自助借阅。也有人担心，没有专人管理，图书丢了怎么办？这位校长算了一笔账，如果实行封闭式专人管理，至少需要两位图书管理员，每年的工资少说也要几万元。而让师生自助借阅，每年丢失的图书一定不会超过几万元。后来的事实证明，每年遗失的图书数量非常少。这样的开放式图书馆，不仅降低了管理成本，也方便了师生，同时提升了图书馆的使用效率。

青岛中学也采用了这种自助式、开放式的图书管理方式。我们采用的是分布式的泛在图书馆形式，整所学校就是一个大图书馆，图书分布在校园各处，学科教室、公共空间、餐厅都摆放着图书，方便师生自由阅读，没有专门的管理员。

青岛中学的打印业务也进行了改革，实行自助式云打印。学校在每层楼的走廊和公共空间合理设置了若干台自助式打印机，教师和学生自助打印，自主刷卡。这不仅节约了人力成本，也极大地方便了教师和学生。

我们还开设了一个诚信微店，售卖学校的各种文创产品和学生学习用品。这是一个无人值守、开放式的商店，学生自助购买物品，自觉刷卡付费。这不仅降低了管理成本，也培养了学生的诚信品质。

有些制度看起来很有必要，但其实往往只解决了表面问题，既增加了管理成本，又没有达到管理效果。有时候我们要关注问题背后的问题，用机制实现四两拨千斤的效果。比如，学校对外包食堂的管理难度很高，管理成本很大。如果我们引进竞争机制，引进两家或两家以上经营者，通过良性竞争，可以极大地降低学校对外包食堂的管理成本，提高食堂的饭菜质量和服务品质。

制度的成本有的是显性的物质成本，有的则是隐性的文化成本。比如，举报制度就有可能损伤组织的文化，将付出极大的隐性代价；再比如，因为少数人的不良行为而惩罚全体成员，一人生病，全体吃药，这也会损伤组织文化。学校是一个育人的场所，这样的隐性制度成本更需要被考虑。

三、认识制度的限度——在制度不能抵达之处

制度不是万能的，管理也不能完全依靠制度。有的行为难以监督，有的问题难以通过制度得到有效解决，或者制度成本过高。在制度不能抵达的地方，有时候我们可以尝试运用文化的力量，减轻制度的压力。

青岛中学在办学大纲的基础上，制定了《青岛中学行动纲要》《青岛中学师德公约》《家校协议》，作为学校共同体的文化信条、价值指引和行为准则，来引领管理者、师生和家长的观念与行为。这不是刚性的制度，对管理者和师生没有硬约束的力量，而是软性的文化信条，是一种倡导和引领。我们期望在管理者、教师、学生和家长中间形成教育价值共识，形成一致性的组织价值链，将柔性的文化力量与刚性的制度力量结合起来，指引师生员工的思想和行为，创设健康的学校管理生态。

有人说，一流管理靠文化，二流管理靠制度，三流管理靠权威。这话有一定的道理。文化是一种语法，是思想与行为的底层逻辑。文化是最低成本的管理资源，它能够提供比单纯的制度和流程更广阔的思想和行为指引。文化不像制度那样咄咄逼人，总是谦卑地发挥着潜移默化的、深刻而持久的影响力。

| 第四辑 |

把打碎的镜子
重新拼接起来

为学习而设计[①]

> 我们今天的教学必须从注重教，走向注重学。与此相适应，教师的教学设计也必须从教的设计，转为学的设计。

为学习而设计，主要是指设计学习目标、学习内容、学习任务以及诊断与评估。首先必须说明的是，这是基于大单元的学习设计。只有进行大单元教学，才适合做这样完整的学习设计。大单元设计能够让我们既见树木，也见森林，避免陷入过于碎片化的课时主义。

第一，什么样的目标是有意义的？

这是学习目标设计的核心问题。学习目标来源于教学目标。20世纪50年代初，我国教育界开始使用"双基"概念，即基础知识与基本技能。2001年6月8日，国家教育部颁布《基础教育课程改革纲要（试行）》，提出了三维目标，即知识与技能，过程与方法，情感、态度与价值观。2018年1月5日，国家教育部颁布《普通高中课程方案（2017年版）》，提出学科核心素养目标，即具有本学科特征的、适应人的终身发展和社会发展需要的关键能力、思维品质和价值观念。

在学科核心素养的语境下，"知识与技能"不再是学习目标本身，

[①] 本文发表于《中国教师报》2021年9月8日第12版，收入本书时有修改。——编者注

"过程与方法"亦复如是。学科关键能力、思维品质和价值观念才是有意义的学习目标。当然，没有知识与技能，也谈不上能力与素养，所谓"空袋不能直立"；只有知识与技能，同样谈不上能力与素养。所以，在设计学习目标时，我们要坚持素养立意，也就是要着眼于学生的关键能力、思维品质与价值观念，而不仅仅是基本的知识与技能。

学习目标设计是学习设计中最关键、也是首要的一步。师生必须要有明确的共同目标，而且要让目标被看见，学生看到了目标，也就看到了学习的意义。"只有当你知道要去哪里，你才更有可能到达那里。"[①]

第二，什么样的知识是有价值的？

这是学习内容设计的核心问题。知识有多种分类方法。在我看来，根据知识价值的层级，可以将知识分成四个层次：概念性知识、结构性知识、迁移性知识、观念性知识。

第一个层次的知识是概念性知识，它注重的是对知识的理解。概念是理解的基础，概念性知识主要是对概念内涵和外延的演绎。

第二个层次的知识是结构性知识，它注重的是知识之间的联系。知识之间的联系，以及知识与学生已有知识结构之间的联系，是有价值的结构性知识。正如杰尔姆·布鲁纳（Jerome Bruner）所说："获得的知识，如果没有完满的结构把它联在一起，那是一种多半会被遗忘的知识。一串不连贯的论据在记忆中仅有短得可怜的寿命。"[②]

第三个层次的知识是迁移性知识，它注重的是知识的应用。能够迁移的知识才是活化的知识，也就是我们所说的能力。知识的回忆和再现是指向过去的，而知识的迁移是指向未来的。

第四个层次的知识是观念性知识，它注重的是关于知识的信念。学

---

① 安德森.布卢姆教育目标分类学——分类学视野下的学与教及其测评[M].蒋小平，张琴美，罗晶晶，译.北京：外语教学与研究出版社，2009：192.

② 布鲁纳.教育过程[M].邵瑞珍，译.王承绪，校.北京：文化教育出版社，1982：48.

生通过学习而形成的学科大观念、学科思想以及学科价值观,是观念性知识,也是最有价值的知识。

教师在处理学习内容的时候,要学会取舍整合,将最有价值的知识揭示出来。

第三,什么样的教学形式是有效的?

这是学习任务设计的核心问题。美国学者埃德加·戴尔(Edgar Dale)提出的"学习金字塔"理论认为,听讲、阅读、视听、演示等被动学习方式的学习效果比较差,而讨论、实践、教授别人等主动学习方式的学习效果比较好。

也就是说,主动式、参与式、实践式的教学方式是最有效的。这就提示我们,要注重引导学生做中学,同时设计核心任务,让学生在完成学习任务的过程中,理解知识,掌握技能,培养能力,进而形成核心素养。

所以,设计既有意思又有意义、既有挑战又有可能的核心任务,是学习设计的关键环节。教师要从学习目标出发,基于学科大概念和基本问题设计核心任务,以任务驱动的方式引导学生在真实情境中解决问题,学会学习。当然,在设计核心任务的同时,还要设计学习资源、工具、策略和脚手架,以支持学习任务的完成。

实践性将是未来课程与教学改革的主要价值取向之一。

第四,什么样的评估是有益的?

这是学习评估和诊断设计的核心问题。我们必须先明确这样一个问题:是重视我们评估的,还是评估我们重视的?这是评估的价值观问题。我们重视的是学生学习目标的达成,是学生能力的培养,而不仅是知识的回忆与再现。评估不仅是为了证明学生学习的好坏,更是为了促进学生的学习。

因此,在进行评估设计时,我们要以终为始进行逆向设计,紧扣学习目标,坚持能力与素养立意,寻求目标、任务、评估的一致性。我们评估的是目标而不是内容本身。

在设计评估方式时，要注重学生自我评估，以培养学生的元认知，让学生在自我评估中看见自己；注重形成性评估，为学生的学习提供反馈和改进建议，让学习中的问题可见；重视表现性评估，与纸笔书面测试相结合，全面评估学生，让学生的能力与素养可见；注重作业的设计，作业是日常诊断与评估的主要方式。

总之，为学习而设计，就是以目标引领、内容整合、任务驱动、资源支持、评估闭合的方式，将学习的基本环节设计好，然后将学习的方向盘交给学生，让学生在主动学习的过程中，真正理解知识、掌握技能，进而形成可迁移的能力，这也是我们倡导从教走向学的主要目标。

把打碎的镜子重新拼接起来

> 很小的时候,我们就被教导学习如何拆分世界、拆解问题,我们以为这样可以提高认知世界的效率,殊不知,在这个过程中,我们丧失了对事物整体性的感悟能力。
>
> ——彼德·圣吉

《义务教育课程方案(2022年版)》有许多新亮点,它鲜明地提出学科核心素养的课程目标,并且在课程的贯通性(小初一体化设计)、综合性、实践性和选择性等方面有所突破,体现了义务教育课程的价值取向,也集中反映了近十年来义务教育课程的理论研究与实践探索取得的成果。

一、新课程方案的价值取向

新课程方案和课程标准中提到的两个价值取向值得我们关注。一是课程的综合性,二是课程的实践性。虽然新的课程方案对这两点着墨不多,用力很轻,并未走得太远,但是课程方案将综合性和实践性提升到课程必须遵循的基本原则的高度,隐约透露了课程的两大未来指向。我始终认为,课程的综合性和实践性是现代课程的发展方向,这将驱动义务教育从课程内容到教学方式的深层变革。

第一是注重课程的综合性。这不仅是课程内容的结构方式问题,也关涉儿童认知方式的问题。世界的存在方式是整体的,儿童认知世界的方式也是整体的。这就要求我们在课程和教学中,将学科内和学科间的知识尽可能地联系起来,有条件地实施学科内综合和跨学科综合,设计和开展主题式教学。我们要注重各学科知识的相互渗透和联系整合,把打碎的镜子重新拼接起来,让学生整体感悟和认知世界,并且在整体的知识建构中,培养核心素养。新的课程方案提出"原则上,各门课程用不少于10%的课时设计跨学科主题学习",意义也在于此。

第二是注重课程的实践性。这不仅是课程实施层面的问题,也关涉课程的实践性品质,关涉课程价值与课程哲学层面的问题。我们的课程追求的是能力培养,而不是简单的知识获取,而一切能力的形成必须也只有通过实践才能实现,实践是核心素养形成的唯一的必由路径。所以我赞成新的课程方案中所说的"充分发挥实践的独特育人功能……加强知行合一、学思结合,倡导'做中学''用中学''创中学'"。这就要求我们改变教学方式,从教走向学,引导学生学以致用、将学习由"解题"转变为"解决问题",让课堂与世界相连接,让学习与生活相融合。我们要通过真实情境中的深度学习,培养学生发现问题和解决问题的创新精神和实践能力。

二、综合性:把打碎的镜子重新拼接起来

美国管理学专家彼得·圣吉(Peter Senge)曾经在他的著作中说过,很小的时候,我们就被教导学习如何拆分世界、拆解问题,我们以为这样可以提高认知世界的效率,殊不知,在这个过程中,我们丧失了对事物整体性的感悟能力。

世界的存在方式是整体的,而不是分学科的;儿童认知世界的方式也是整体的,而不是分割的。英国教育家阿尔弗雷德·诺思·怀特海(Alfred North Whitehead)在他的著作《教育的目的》中提出儿童教育

节律的三重变奏——浪漫、精确、综合。在他看来，在浪漫阶段，儿童对世界进行的是模糊的综合感知，侧重于体验和初步领悟；在精确阶段，儿童开始进行分析和论证的精确性认知；在综合阶段，儿童开始进行知识的综合性运用。根据儿童的教育节律，学校课程应当遵循综合、分科、再综合的路径。

在基础教育阶段，课程的综合性是一个重要的价值取向。长久以来，我们从小学就进行分科教学，遵循了学科逻辑，却忽视了学生的认知逻辑和生活逻辑，这不利于培养学生观察世界的整体眼光。自 2000 年我国开始基础教育课程改革以来，全国各地在课程的综合性方面做了很多有益的理论研究与实践探索。

青岛中学在课程的综合性方面也进行了初步实践。在十二年一贯制的课程框架中，小学设置超学科的融合课程，初中设置跨学科的综合课程，高中设置分层、分类、综合、特需课程，以课程育人，服务于学生全面而有个性的发展需求。

青岛中学的课程像一棵树，小学是树干，各学科融合在一起，不分学科；初中开始长出枝杈，语文、数学、英语等学科被建构起来，科学和人文两大门类实行跨学科综合；高中则开设分学科课程，根据学生的发展需求，开枝散叶。这样的课程设计，既符合儿童的认知规律，也符合学科逻辑，从整体到部分，从融合到分科，从模糊到精确。

办学伊始，我们就特别注重课程的综合性。我们最大限度地实现课程的学科内与跨学科综合，把打碎的镜子重新拼接起来，让学生整体感悟知识和认知世界；并且在整体的知识建构中，培养学生的必备品格、关键能力和价值观念。

在小学阶段，师生通过"我与我们""我们与社会""我们与自然""我们与世界""我们与未来"等五大领域的融合课程，探讨个人与群体、自然与社会、行为与观念、科学与人文、传统与现代、世界和未来等关系。学校致力于培养既具科学素养又有人文精神，既具传统美德又有现代文明，既有中国情怀又有国际视野，既能关注当下又能着眼未来，既能仰望星空又能脚踏实地的未来国家栋梁。

在初中阶段，我们按照学科交叉大概念来建构综合课程。比如，我们在初中设置了综合性的科学课程，按照"物质、运动、变化与稳定、结构与功能、能量、相互作用、系统"等科学领域中的大概念，重构初中科学课程的知识结构，整合学科知识与技能，构成科学课程的逻辑框架，同时保持学科知识的相对独立性。科学课程以科学素养的培养为目标，培养学生的科学探究能力、理性思维能力、实事求是的科学品格，进而上升到科学观念的层次，指向自然哲学的高度，并在哲学的高度与人文学科的素养目标相遇。同时我们充分关注环境科学、空间科学、工程技术，将它们部分地整合到科学课程之中，坚持未来教育的指向，弥补传统课程中相关内容的缺失。

我们在初中设置了综合性的"道德、人文与社会"课程，以人文素养的培养作为课程目标，用"人与自我，人与社会，人与自然，民族情怀、政治认同与国际理解"等人文与社会领域中的大概念，整合初中历史、道德与法治、人文地理等相关学科的知识。我们以学科综合的方式重新建构人文与社会课程的内在逻辑，由近及远，由小及大，由现在及过去和未来。这既符合人文与社会学科的知识与素养系统，也符合儿童的认知逻辑，同时照顾到学科内的知识集成与学科间的整合二者之间的平衡。

我们在课程的综合性方面做了一些探索，在这个过程中，也遇到过一些较难解决的问题。我们始终相信课程综合的方向是对的，这个探索是有价值的，我们将在课程综合的路上继续探索。

三、实践性：从解题到解决问题

学习的过程不是灌输与记忆的过程，而是基于理解的建构过程；课程与教学的目标不是为了让学生短时记忆某些知识点，而是为了培养学生可迁移的能力。一切能力的形成必须通过实践这个路径，在实践中形成的可迁移的能力才是学科的核心素养。这就决定了课程实施的实践性要求，真正有效的教学一定是指向关键能力的深度学习，一定是指向问题解决的实践性学习。

"学习金字塔"理论认为，听讲、阅读、视听等被动学习方式的学习效果比较差，而讨论、实践、教授别人等主动学习方式的学习效果比较好。也就是说，主动式、参与式、实践式的学习方式是最有效的。

长期以来，在课程内容上，我们重视基础知识和基本技能的学习，忽略了可迁移能力的培养；在课程实施上，我们重视讲解与记忆、做题与应试，忽视体验、探究、问题解决等实践性教学方式，结果造成学生实践能力的缺失。学生学了语文，但写不好体例规范的请假条和书信；学了英语，却不会日常交流应用，学成了哑巴英语；学了物理，在家却不敢换电灯泡；学了历史，通晓上下五千年，却不知道自己家庭的谱系渊源；学了地理，出门却分不清东南西北。这是我们长期以来重知识、轻能力，重认知、轻实践，重应试、轻问题解决带来的负面影响。

所以，新的课程方案和课程标准提出实践性的导向，具有针对性和现实性意义。注重课程和教学的实践性，教师需要运用符合学科认知规律的方式进行学科教学，强调知识的运用，强调知识与实践的结合，让学生在真实问题的解决中，激活知识，培养能力，形成素养，并将显性的学习成果呈现出来，真正让学生完成从解题到解决问题，从做题到做事的转变。

这就要求教师在教学设计中，结合学科实际，设计具有挑战性的核心任务，以任务驱动的方式引导学生在真实情境的问题解决中，培养具有迁移性的能力。

比如，语文和英语学科的单元核心任务可以是演讲、辩论或戏剧表演，也可以是写一篇文章或创作一首诗歌。"我能活到100岁吗"是青岛中学小学五年级的单元话题，我们设计的核心任务是让学生通过单元学习，撰写一篇虚拟的个人传记《我的一生》。九年级的学生在《红楼梦》整本书阅读的单元教学中，完成的核心任务是仿写《红楼梦》的部分章节片段。英语学科八年级某单元的核心任务是对校园中所有的英文标牌进行审查纠错，学生通过小组合作的方式完成了任务，总共对校园中14个区域的英文标牌提出了22条纠错建议，并向学校提交了完整的纠错报告，供学校整改。

在数学学科的教学中，我们可以组织学生运用所学的知识解决生活中的真实问题。青岛中学七年级的学生在学习三角形相似的原理时，运用这个原理测量升旗台上旗杆的高度。也有的学生运用几何知识，确定学校的几何中心所在的位置。

科学学科天然具有实践性。在科学学科的教学中，我们可以通过实验探究和科学推理等方式，组织学生进行项目研究。青岛中学七年级学生学习人体结构图后，要用竹片做出人体骨骼模型，挂在学科教室中。八年级学生在生物演化单元中需完成的核心任务是基于现有的物种，设计一种超物种，找到它在进化之树中的位置和栖息地，并根据这个物种的运动能力和适应能力进行量级评定；该物种的生物特征必须完全符合生物的功能、结构和环境适应性等原理，设计要合理，同时又要新颖、独特；学生还要绘制该物种的化石，让一亿年之后的人们能够根据这块化石，推断出它的生物学特征。

青岛中学的道德、人文与社会课程开展讨论会、辩论会、历史剧展演、心理剧演出和项目研究，并通过模拟联合国、校园模拟法庭等社团让学生将学习到的知识运用到问题解决中去。

体育、技术和艺术类学科则更加具有实践性。我们对技术和艺术课程的要求是，每学期必须以作品化的作业来展现学习成果，以表现性评价作为课程的结业形式。另外，学校每年举办体育季、艺术节、技术节等全校性活动，展示学生的学习成果。

以听和讲为主的教学，对学生来说是一种接受式的学习方式，也是一种输入性的学习方式；而以讲、练、做等为主的实践性教学，则是一种输出性的学习方式。在输出性的学习方式中，学生通过做中学、用中学、创中学，通过任务驱动和问题解决，能够看到学习的意义与知识的价值，既培养了能力，也增强了学习的成就感和内动力。

青岛中学每年举办一次学习产品博览会，简称青博会。这是学生展示、交流、分享和变现课程学习成果的平台，是学生从学习中获得成就感和认同感的独特方式。在学校的每一间教室里，每天都有很多精彩的学习产品诞生。我们将这些产品汇集在一起，让大家进行交易和分享，于是就有了学习产品博览会。学生借助博览会的平台，将自己在课程中获得的知识和能力转化成有形的学习产品，并与大家分享，在这个过程中获得成就感、学习的信心和内动力。

在课程实践性的路上，我们才刚刚起步，我们希望：在小学毕业时，每位学生都能提供实践性的学习成果；初中毕业时，每位学生都能完成一项目研究。这也是毕业评价的依据之一。我们相信，课程与教学的实践性，是指向核心素养的深度学习的必然要求，也是未来课程与教学改革的主要价值取向之一。

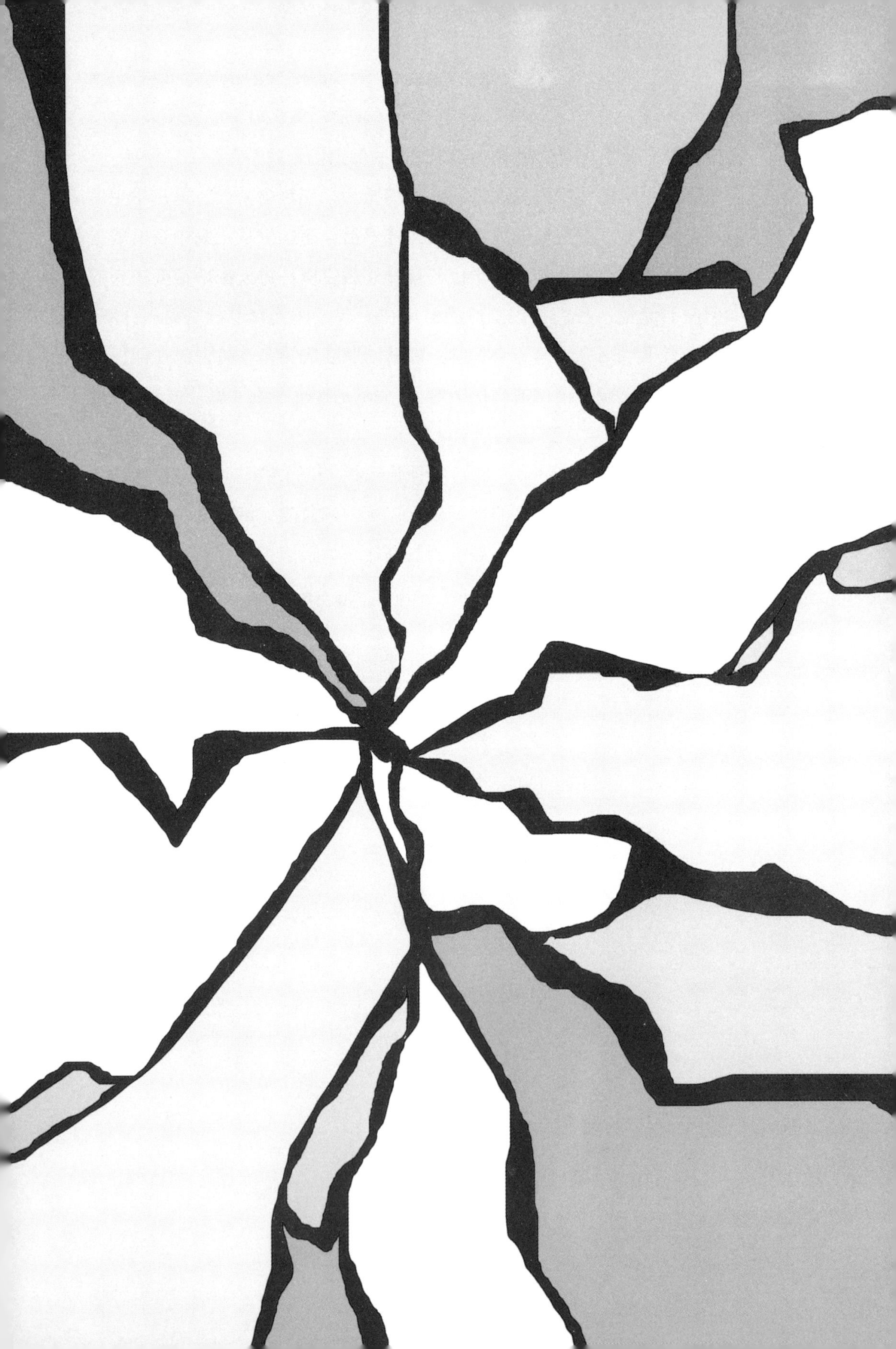

"双减"后,课堂教学如何转向

> 世界教学的历史,可以说就是使儿童成为学习主体的一部运动与斗争的历史。
>
> ——佐藤学

"双减"政策的价值取向是减去学生过重的学业负担,又不以降低学习质量为代价。减负与增效并行,根本目的是提高学习效率,让学生有更多的时间发展兴趣,培养特长,锻炼身体,全面发展。这就要求我们更加注重课堂教学的效果、效率和效益,增强学习的主体性和协同性,增强课堂教学的对话性和实践性,实现课堂教学的转向。

一、增强学习的主体性,实现从教到学的转向

教永远是为学服务。没有学的行为发生,就不能说完成了教。因此,教师的全部着眼点应该集中于此:让学习真实地发生。

让学习真实地发生,必须将课堂还给学生,让学生成为学习的主体,让学生的思维真正活跃起来,并在任务驱动的学习中培养能力。佐藤学

---

① 本文发表于《中国教师报》2022 年 4 月 27 日第 6 版,收入本书时有修改。——编者注

曾经说过："世界教学的历史，可以说就是使儿童成为学习主体的一部运动与斗争的历史。"[1] 教是手段，学才是目的。学生为未知而学，教师为学习而教。教师在课堂上关注的不应是教材的处理，而是每一个学生的学习；追求的不应是教师教学的效率，而是学生学习的效率。

当然，学习并不会自动地发生，学生也不会天然地知道如何学习。因此，教师需要进行多方面的设计，包括学习目标设计、学习任务与问题设计、工具与资源设计、学习环境设计、评价设计等。学习本身是需要教师指导的，比如合作学习如何展开，项目式学习、任务式学习如何进行等，必须要有工具和方法的指导。这就将教与学内在地联结起来。

二、增强教学的对话性，实现从独白到对话的转向

教学是师生之间、生生之间的对话，是双向的乃至多向的思维交流、碰撞与互动，而不是单向的传输与接受。单向传输的接受式学习是低效的学习。最近我听了一些课，感觉少数教师在课堂上还是独行客，他们教学的理念还是传统的独白。我们的教师总是习惯于讲很多，但并没意识到自己讲得太多；在课堂上，学生的思维过程暴露不够，学生对某个问题究竟是怎么想的，教师关注不够；对于学生的相异构想，教师关注不够。教师只说不听，学生只听不说。这是教与学的分离。

教师的讲解，只应当是学生思维的牵引工具，而不是教学本身。教学的本意是师生进行思维上的互动，本质上是思维碰撞的过程。认知、理解、建构知识的过程需要学生思维的全面参与。引发学生的思维活动，是教学的本质。从这个意义上说，课堂教学如果不能引发学生的深度思维，学生只是听听、记记，学习就没有发生。

在教学的过程中，师生要共同解决问题。好比探险，是教师带着学

---

[1] 佐藤学.学校的挑战：创建学习共同体[M].钟启泉，译.上海：华东师范大学出版社，2010：9—10.

生一起去探险，而不是教师探险给学生看；好比做饭，是师生共同去做一顿饭，而不是教师做好饭，让学生来吃。教学过程就是设疑、激疑、探险、解惑的过程。在这个过程中，师生进行思维交流，便产生了对话。这既包括师生之间的对话，也包括学生之间的对话。根据建构主义的观点，知识是分布式的，学习是一种协商性的社会建构，不同学生之间的合作、协同与对话，能够让学生更加全面地完成对知识的建构。

当然，教学可以是显性的对话，也可以是缄默的对话。有时候课堂上的沉默是有价值和意义的。美国学者帕克·帕尔默（Parker Palmer）说："我最感兴趣的沉默却是讨论过程中的沉默、观点形成时的沉默或一个问题提出来但没有引起即刻回应的那种沉默。"[1] 其实这种沉默正是一种无声的思维对话。这时候，教师的倾听就变得非常重要，教师要学会倾听学生的声音，包括那些学生没有发出来的内心的声音。

二、增强教学的实践性，实现从解题到解决问题的转向

学习不是为了短时记忆某些知识点，而是为了培养可迁移的能力。真正有效的教学一定是指向关键能力的深度学习，一切能力的形成必须通过实践这个路径，只有在实践中形成的可迁移的能力才是永久的。

这就要求教师在教学设计中结合实际，设计具有挑战性的核心任务，在实践性的任务解决中培养学生具有迁移性的能力。要增强课程和教学的实践性，教师需要运用符合学科认知规律的方式进行学科教学，强调知识的运用，强调知识与实践的结合，让学生在新的情境中通过综合、分析和创造，将所学的基本知识和技能加以应用，让学生在真实问题的解决中激活知识、培养能力、形成素养，并以显性的方式将学习成果呈现出来。这样做，才能真正让学生完成从解题到解决问题、从做题到做事的转变。

---

[1] 帕尔默.教学勇气：漫步教师心灵[M].吴国珍，译.上海：华东师范大学出版社，2005: 83—84.

以教学评价促进教学方式的转变[①]

> 评价不是为了证明（prove），而是为了改进(improve)。

教学评价是根据特定的教学目标，对教与学的过程与效果进行价值判断的活动。评价是牛鼻子，它对教与学具有导向、促进、鉴别的作用。发挥教学评价的正向功能，实现教、学、评的一致性，也是课程改革的重要内容之一。

一、注重表现性评价，以教学评价促进教学方式的转变

在核心素养的背景下，如何评价学生的关键能力和必备品格？传统的纸笔测试显然是力所不及。纸笔测试主要是侧重考查学生的知识与技能，而表现性评价主要是考查学生的能力和素养。因此，将纸笔测试与表现性评价结合起来，是有益的尝试和探索。

表现性评价是指学习者通过真实的学科任务，或者与现实世界相关的工作任务，来证明其学习结果的评价形式。表现性评价是与传统的纸笔测试相异的实践性评价方式。与传统的纸笔测试相比，表现性评价是

[①] 本文发表于《中国教师报》2022 年 1 月 5 日第 13 版，收入本书时有修改。——编者注

一个评估连续体，既重结果，也重过程；既评价知识和技能，也评价行为和素养。正如学习者学习驾驶，不仅要通过书面考试，更重要的是通过路考，只有通过实际操作才能证明学习结果。我们不可能仅凭书面考试成绩就给学习者颁发驾照。

在教学过程中，我们要根据学科特点设计核心任务，通过表现性任务来评价学生的学习效果。青岛中学是十二年一贯制学校，在小学阶段，每一个主题学习结束后，学生都要完成相应的核心任务和作品，并进行课程成果展示。例如，在"美丽中国"这一主题学习中，学生要设计制作一份"美丽中国"宣传手册，并在每年一度的青博会上进行宣传、销售。

在初中阶段，数学的升段诊断中加入了对自主探究和思维导图的考查；语文学科增加了小组合作的主题汇报，以及学生的口语表达能力测评等；道德与法治及人文学科的学段诊断采取开卷与闭卷相结合的方式，科学课程的学段诊断采取笔试与实验操作相结合的方式，英语学科的学段诊断采取笔试与口试、听力测试相结合的方式，既考查学科知识的掌握和运用、学科能力的培养与迁移，也考查学科素养的养成与内化。

老师们在高中选修课"社科作品选读"中，设计了"用腾讯文档共享阅读心得""使用播客阐述社会现象"等具体任务，学生以个人或小组的方式完成。教师旨在通过指导学生学习的评价量规，驱动学生进行自主学习与深度学习。

我们注重什么，就应当评价什么。面对未来，我们应该培养和评价的是那些指向核心素养的可迁移的能力，最大限度减少对无意义的低阶知识的重复测评。同时，以教学评价来促进教与学方式的转变，使教学更加注重实践性，更加注重关键能力的培养，更好地指向深度学习，帮助学生实现从解题到解决真实问题的转变。

二、注重教、学、评的一致性，将评价嵌入教学全过程

有效的教学评价应当追求教、学、评的一致性，也就是学习目标、

学习内容、教学评价的一致性。

那么，我们究竟是评价学习目标还是评价学习内容？这是一个长久以来没有得到很好解决的问题。

在传统的教学评价中，一般是学什么考什么，这看起来似乎天经地义，但事实上这存在目标被置换的问题。也就是说，对学习目标的评价被置换为对学习内容的评价。评价了内容，却忘记了目标，也忘记了学习内容是为学习目标服务的。

学习内容一般是学科的基本知识与基本技能，而学习目标除了知识与技能以外，还包括可迁移的能力、情感态度和价值观等，这些目标是指向学科核心素养的。所以，当我们评价学习目标，而不仅仅是评价学习内容的时候，我们就有可能观照到学生应当掌握的关键能力、必备品格和价值观念，将评价指向学科的核心素养。

要解决好评价目标而不仅是评价内容这个问题，我们可以依据 UbD[①] 教学理论，将评价前置。在设计教学时，首先设计学习目标；然后设计教学评价，确定评价依据；最后再设计教学活动。例如，在初中语文"把外面的世界说给你听——文明的回响"说明文主题教学中，教师在确定单元阅读目标和写作目标之后，明确提出评价方式，并且将评价标准和量规提前提供给学生，包括对思维导图的具体要求、开题报告的审批表、中期阅读成果自测表、小组活动质量自评表与互评表、写作二次修改自查表等，让学生的学习行为有清晰的目标和指向，让目标与评价高度一致，并指引教学活动。

这样的单元设计将教学评价嵌入整个教学过程之中，使它成为教学这一有机体的一部分。这就最大限度地保证了评价是对目标的评价，目标、内容和评价高度一致，更好地确保了核心素养目标的落地。

---

① UbD 是英文 Understanding by Design 的缩写，意为追求理解的教学设计。

三、化评价为诊断，注重过程性评价，发挥教学评价的改进功能

评价不是为了证明（prove），而是为了改进（improve）。教学评价的目的不是判定学生的优劣与好坏，而是判断目前学生的习得情况以及教学策略是否有效，为教与学的修正提供依据，以评促教，以评促学。因此，我们更愿意将教学评价称为教学诊断，淡化评价作用，强化诊断功能。

重视教学诊断的反馈和改进功能，就需要注重过程性评价与诊断，提高过程性评价的占比。在青岛中学的初中和高中学段，过程性评价占40%，终结性评价占60%，这引导学生不仅要重视学习结果，更要重视学习过程。国际部从十年级开始，将过程性评价提升到70%，终结性评价降为30%。

在进行过程性评价时，我们要有意识地将评价渗透到课堂环节，通过观察学生的行为、课堂问答、活动展示等各种形式，随时掌控学生的学习情况；我们要由评价智力转向对智力和态度的双重评价，不仅评价学生的知识技能习得，更要评价学生的学习积极度、课堂参与度和自我反思修正水平。过程性评价将学生的作业质量、课堂表现、改错与反思等多个方面均纳入评价，让每一个努力上进的学生都能得到及时反馈和正面激励。

在进行过程性评价时，我们可以引导学生进行自我评价，培养学生对自身学习的监控能力。例如，我是否达到了要求的学习目标？我对当前的章节还有什么疑问？我该如何改进和提升？

同时，我们可以借助信息化平台实现即时有效的过程性评价与反馈。青岛中学通过爱云校系统，实现了即时评价，将学生的课堂参与度、作业完成度、过程性成果达成度与学习效果及时反馈给学生和家长。

过程性评价与终结性评价相结合的方式，可以更好地发挥教学评价的诊断、反馈与改进功能，促进教与学的持续改进，促进学习方式的转变，不断提升教学质量。

无体育，不教育

> 体育运动的教育价值，不只局限于运动场上，而且能够影响整个社会。
>
> ——马约翰

马约翰被称为我国体育界的一面旗帜。有人只看他的名字以为他是外国人，其实他是地地道道的中国人。他从1914年开始，在清华大学工作了52年，为我国的体育事业贡献了毕生精力，开创了清华重视体育的风气和优良传统——"无体育，不清华"。清华园里现有的十几座雕像中，马约翰是唯一因体育而被奉为名家的教授。

一百多年过去了，我们对学校体育的重视似乎还没有达到当年马约翰在清华时对体育的重视程度。现在中小学生的身体素质并不令人乐观，学生的体能状况不佳，女生跑步跑不动，男生引体向上做不了几个，近视率居高不下。

我曾去美国一些中小学校访问，他们对体育的热爱让人印象深刻。学校荣誉馆里展出的基本都是体育方面的各种奖牌和锦旗。学校和学生引以为傲的是自己学校各种球队的赛季成绩。我去日本的学校访问时也有同样的感触。

马约翰早就说过，体育运动是健康的源泉。体育不仅对身体健康有益，对心理健康同样有益。据我观察，大部分患比较严重的心理疾病的学生，身体同样也较为孱弱。身心是一体的，当一个人身体的能量不足以应对各种压力的时候，就可能导致心理方面的问题。所以体育院校的学生较少有心理问题，与城市的孩子相比农村学校的孩子较少有心理问题，这也从另外一个侧面说明，良好的身体素质可以帮助学生承受更多心理方面的压力。

体育不仅能够强身健体，还能够促进身心和谐发展。现在的学生动脑多，而身体运动少，身心发展不平衡，容易造成心理问题。所以我经常建议那些有心理问题的学生的家长，让孩子多运动，用健康的身体去辅助心理的康复。运动能刺激大脑释放内啡肽，能够缓解压力，增强愉悦感，让身心充满活力。特别是那些挥拍类的体育运动，比如网球、棒球、羽毛球、高尔夫球等，能够让人在挥拍的过程中有充分的释放感。

体育不仅是在育体、育心，也是在育人，是全人教育的一部分。马约翰说过，体育的功效，最重要的在于培养人格。所以，我认为，学校体育除了培养学生的体能、健康和运动技能之外，还培养了学生的个体品质和社会品质。从个体品质来看，体育可以培养学生自信、勇敢、进取、坚持、坚韧、不怕吃苦等优秀品质；从社会品质来看，体育可以培养学生公正、合作、大局观、领导力、规则意识、学会赢也学会输等优良品质。这些个体品质和社会品质是非智力品质的重要组成部分。

比如，田径和游泳等体育运动，可以培养学生的坚韧、不怕吃苦等意志品质；足球、篮球、排球等集体项目，可以培养学生的领导力与协作精神，帮助他们学会攻防和协同作战，培养集体主义和团队精神；武术可以培养自信心，围棋可以培养大局观；乒乓球、羽毛球、网球等可以培养学生的战略与战术思维；攀岩、击剑等项目可以培养学生的冒险精神；射箭可以培养学生沉稳、专注的心理品质。

这些都是体育学科所具有的学科价值。青岛中学现在有17位专职体育教师，共开设了田径、篮球、足球、网球、棒球、橄榄球、高尔夫球、乒乓球、羽毛球、击剑、射箭、武术、跆拳道、游泳、器械健身、体育舞蹈、少儿体育等18个项目的体育课程，另外还开设了冰雪项目的基地课程，学生可以根据自己的爱好和兴趣选修。我们开设这么多体育课程，不仅是为了培养学生的健康体魄、运动技能和运动习惯，更是为了培养学生的意志品质、体育精神和健全人格，挖掘不同的体育项目背后的核心素养，发挥体育学科独特的育人价值。

有些学校限于师资、场地和经费等硬件条件，可能无法开设更多的体育课程。但我们可以创造条件，因地制宜开发一些合适的体育运动项目。李希贵校长曾经在一个校长培训班上，请校长们尝试用5万元开发出15门体育课程。

我曾参观齐齐哈尔市克山县的一所高中，学校的地上画着很多圆圈和各种格子。校长告诉我们，因为学校缺乏体育场地，于是教师们开发了一些体育游戏，供学生在体育课或者课间运动时使用。

其实，不同体育运动的内在价值都是相通的，都是提升人的体能，培养优秀的意志品质，促进人的身心和谐发展。

我在参观北京市怀柔区九渡河小学时，看见这所学校有三棵大树，树上绑着结实的红绳。原来，学校利用这三棵树开发了爬树课，很受学生欢迎。其实，爬树和攀岩是同一类课程。九渡河小学的于海龙校长说这叫作"限制激发创新"。这些做法给我带来启发的同时，也让我对他们的努力和创新产生了深深的敬意。

马约翰说过，体育运动的教育价值，不只局限于运动场上，而且能够影响整个社会。前人言之谆谆，后人任重道远。马约翰关于体育价值的理念，对于我们现在的学校教育仍有重要的指导意义。

为什么要重视艺术教育

> 儿童天然具有艺术之心,我们要以美育人,以美启智,用艺术培养完整人格,用艺术滋养和润泽学生的美好心灵,给学生一双看世界的艺术之眼。

艺术学科的重要性毋庸置疑。但在学校教育实践中,对于艺术学科教育,往往是说起来重要,做起来就变成次要,发生冲突时甚至就不要了。有的学校将艺术教育看作奢侈品,认为艺术是少数人的专属;有的学校则认为艺术不可教;也有的学校将艺术看作边缘学科,认为它可有可无。

一、一所学校对艺术教育的重视程度体现了它的教育品位

蔡元培先生曾经提出以美育代替宗教,可见艺术教育在他心中的重要性。真、善、美是人类的共同追求,科学教人求真,人文教人求善,艺术教人求美。真、善、美三者缺一不可,否则就无法培养出完整的人。所以在学校教育中,科学、人文、艺术是最重要的三大课程领域。

一所学校和一个培训机构之间最重要的区别,是学校有德育、体育和美育,而培训机构只有教学而无教育,更遑论其他了。所以我认为,一所学校是不是真正的学校,要看它是否重视艺术、体育等学科,是否

能为学生的校园生活提供丰富多彩的课程和文化艺术活动，或者说，对体育、艺术教育的重视程度，决定了这所学校的教育品位。遗憾的是，我们有些学校越来越像培训机构了，最后导致学校有教学无教育，培养出来的学生有知识没品位。

在青岛中学的学科系统中，体育、艺术、技术这三个学科处于非常重要的位置。这三个学科的教师人数最多，开设的课程也最多。单就艺术学科来说，学校共有专任艺术教师15人，开设的艺术类课程近30种：戏剧、音乐剧、民族管乐演奏、民族室内乐、中国传统音乐鉴赏、非洲鼓、音乐素养、西洋管弦与打击乐、空间设计与模型设计、素描速写、舞蹈、陶艺、油画、丝网版画、综合材料绘画、手绘插画、首饰设计、动漫设计、作曲与指挥、西方音乐鉴赏、微电影创作、摄影、书法、传统篆刻、声乐、泥塑、英语戏剧等。另外，学校还有室内乐团、合唱团、民乐团、戏剧社、学生电视台等艺术社团。

二、艺术是学生看世界的第三只眼

一所有着一千多名学生的学校，为什么要开设这么多艺术课程？这是因为，我们认为艺术教育在培养完整的人方面具有不可替代的价值。除了科学和人文之外，艺术是人类感知世界的第三只眼。艺术教育可以培养学生用审美的眼光来观察事物和看待世界。

我们开设这些艺术课程，并不是要培养未来的艺术家，而是要培养学生的审美素养。这些素养并不是指未来从事艺术专业工作所需的素养，而是普通人应具备的基本审美素养。泰勒在他的《课程与教学的基本原理》一书中说过，每一个学科的内在价值是指该学科对于将来并不从事本专业的普通人的价值。这其实就是学科的核心素养。

那么，艺术学科的核心素养是什么？艺术教育对于普通人的内在价值是什么？毫无疑问，艺术教育首先要教会学生一些艺术的基本知识与基本技能。更重要的是，在此基础之上，艺术教育能够在学生的认知拓展、人格完善、心灵滋养、审美观念的培养方面做出独特的学科贡献，帮助学生对内涵养心灵，对外学会用审美的眼光看待世界。

泰勒在《课程与教学的基本原理》这本书中，对艺术学科的内在价值做了如下描述。

一是拓展学生的感知范围，学生通过艺术可以获得一种特殊的感知力。这种感知有别于科学学科和人文学科的理性感知，而是通过多种感官感知的艺术知觉，也就是艺术的第三只眼，这对于培养学生的想象力、表现力、创造力有重要作用。

二是培养学生运用语言之外的另一种媒介来进行交流、沟通。艺术也是一种语言，甚至是人类共同的语言。使用不同语言的人对贝多芬的《欢乐颂》和达·芬奇的《蒙娜丽莎的微笑》的艺术之美的感知是相通的。

三是有利于培养学生完整的人格。人是身、心、脑的结合体，培养完整的人格，应当注重心灵的滋养。艺术教育在完整人格、美好心灵的培育方面，具有不可替代的作用。艺术有时也是个人表达、压力排遣的有效手段。特别是在这个追求速度和效率的时代，青少年学生的心灵若缺少大自然和艺术的滋养，身心发展不均衡，人格发展不完整，可能会产生很多心理和人格方面的问题。

四是培养兴趣和审美观。艺术兴趣对于人的生活是一种补充和调节，审美观则是人生观和世界观的一部分。艺术教育有助于培养学生用美的眼光看待世界，帮助学生过上一种有意义的美好生活。

三、用艺术润泽学生的心灵

青岛中学特别重视艺术课程的丰富性、多样性和选择性。艺术学科并不能完全简化成音乐和美术。艺术是一种有意味的形式，存在于多种门类的学科之中。除了音乐和美术，还包含舞蹈、戏剧、设计、影视等。音乐和美术也可以分成多种学科门类。

我们之所以开设近三十种分类选修的艺术课程，是希望增强课程的丰富性和选择性。《青岛中学办学大纲》中有这样一句话："课程的丰富性、选择性和经典性及与学生生活的关联性，是学校一流教学和学习生活的保障。"我们希望学生在青岛中学的十二年学习中，能够接触到不同的艺术门类，并在这个过程中发现自己的天赋，找到自己的兴趣所在。

同时，我们要求学生在分类选修时，需要至少选择一门音乐类课程、一门视觉艺术类课程，以保证学生接受均衡的艺术教育。

我们一方面增加艺术课程的门类，注重艺术课程的分类和多样，同时又注重艺术课程的综合性。一是艺术学科内的综合。比如，我们开设的戏剧及音乐剧课程具有较强的综合性，能够将音乐、视觉艺术、舞蹈、形体、表演艺术等综合在一起。

二是学科间的综合。比如艺术与传统文化的融合，我们邀请山东省高密市的非物质文化遗产项目传人来学校开设泥塑课程，教授如何制作高密市的传统民俗作品"泥老虎"，深受学生喜爱。比如艺术与技术的融合，我们开设的平面设计、动漫设计、空间设计、丝网版画、综合材料绘画、微电影制作等课程，是艺术与技术的融合。另外还有艺术与科学或人文学科的融合，我们开设的空间设计、木工等课程，可以与物理、数学等学科联系起来；我们开设的戏剧课程可以与文学、历史、英语等学科联系起来。

三是艺术教育与校园生活的融合。艺术是校园文化生活的重要组成部分，青岛中学设立了戏剧社、爱乐乐团等几十个艺术社团，每年组织新年音乐会、舞蹈节、戏剧节等艺术活动，让学生的校园生活充满了艺术气息。

我们注重艺术课程的实践性。在艺术学科教学中，我们要求学生动脑动手，亲身实践，做中学，创中学，在学习基本知识的基础上，掌握一定的技能，在实践中培养艺术技能和艺术素养。同时，我们注重学习结果作品化，让学生的学习成果以显性作品的方式呈现出来，每门课程的考评也是以实践性的作品为主。学生特别在意自己的学习过程和结果的显性化。每年的音乐会、戏剧节、作品展等，都是学生展示自己艺术学科学习成果的机会和平台，这也成为激发学生学习内动力的重要方式。

最后，我们要去除艺术教育的功利性。从本质上讲，艺术教育本身就是目的，是培养完整人格的需要，它能够涵养心灵，陶冶情操，培育人文素养。艺术教育不应当只是素质教育的符号和标签，也不应当被当成升学的工具和手段。儿童天然具有艺术之心，我们要以美育人，以美启智，用艺术培养完整人格，用艺术滋养和润泽学生的美好心灵，给学生一双看世界的艺术之眼。

重视技术课程的教育价值

> 劳动是人的存在方式。

青岛中学开发了十几门技术课程，包括程序设计与算法实现、App 设计与开发、网络基础与网页制作、机器人、3D 模型设计与打印、海洋科学技术、平面设计、布艺缝纫制作、服饰设计与制作、机械设计与科技模型制作、电子技术、动漫、木工、烘焙等，供三至十二年级学生选修。这些技术课程有些是基于计算机语言的，有些是基于审美艺术设计的，有些是基于自动控制的，有些是基于工具使用的。

我们希望学生每年都有机会体验不同的技术课程。学生从这些体验中，可以发现自己的兴趣、爱好和天赋，也可能与自己未来的职业提前相遇。

苏霍姆林斯基曾说过，技术课程的价值"就在于使每一个学生在一段较长的时期内尝试自己的禀赋和能力，在具体的事情中表现自己的爱好，找到自己心爱的工作"[1]。技术课程因此承载着帮助学生发现自己、成为自己的教育功能。

我们之所以如此重视技术课程的开发和实施，是因为对技术学科的

---

[1] 苏霍姆林斯基.给教师的建议[M].杜殿坤，编译.北京：教育科学出版社，1984：250.

课程价值的认知。在我们看来，技术课程的学科价值不仅仅在于让学生体验和学习某一种技术和技能、发现自己的爱好和兴趣，更重要的是培养学生的技术意识、物化能力、创新能力和实践能力。此外，技术课程还具有审美教育和劳动教育的价值与功能。

一、物化能力的实践性价值

技术教育与科学教育不同，它的目标不是停留在知识原理层面，而是指向实践能力层面。"技术教育是一种利用知识进行物质产品生产的技能方面的训练。"[①] 这是大脑和手眼相协调的训练，是行动与思维相协调的训练。现代人的慵懒是由于较少从事手工劳动（现代人以运动来减轻这种慵懒，但运动不能代替手工劳动），大脑缺乏由手的活动带来的刺激，这也许是一种缺失。人正是通过手的劳动创造了人自身，所以现在的教育一定要有学生动手的实践课程。小学阶段的实践课程可以带有游戏性质，比如手工布艺、乐高、陶艺等；中学阶段的实践课程则应有一定的技术含量，比如服装设计、机器人、机械制作、平面设计等。

技术教育是将一般原理具体化的过程。它既是知识的整合、应用的过程，也是知识的活化、现实化的过程。学生通过做中学、学做结合、手脑并用、知行统一，可以获得对知识更深层的理解，进而形成可迁移的能力。蒙台梭利认为，渴望用手劳动是儿童的本能。让·皮亚杰（Jean Piaget）也认为，儿童应该通过动作进行学习。儿童是先有实践智力，而后有反省智力，所以他主张，儿童的学习离不开动作。仅有看和听而没有活动的学习，是一种口头上的学习。"正规教育失败的真正原因，主要是人们从语言开始（伴随着绘图、想象或描述的动作等），而不从真正的实际动作开始。"[②]

---

① 怀特海.教育的目的 [M].庄莲平，王立中，译注.上海：文汇出版社，2012：64.
② 皮亚杰.皮亚杰教育论著选 [M].卢濬，选译.北京：人民教育出版社，2015：92.

青岛中学每年一度的技术节，展示学生的技术作品，从个性化的公益广告设计，到时尚的服装设计；从传统的机械制作，到基于信息技术的手机 App 产品……这是学生知识的凝结与外化，是其实践能力的展示与体现。

在现代教育理念中，技术素养中的设计思维愈显重要。所谓设计思维，就是通过设计，将抽象与具象、设计与产品、理论与实践、知识与运用、学习与决策等结合起来，去解决复杂的问题。这是一种方法论系统。

最先将设计思维引入教育领域的是美国斯坦福大学，此后，美国旧金山大湾区的一些中小学也将它引入课程。2019 年 5 月，我参访了旧金山的努埃瓦学校（The Nueva School），这所学校的特色就是基于设计思维的创新实验课程。创新实验课程以设计思维整合科学、艺术、工程甚至人文、社会学科的内容，实现了多学科、跨学科的整合，以培养学生解决问题的系统思维、创新能力和实践能力。国际文凭课程（IB 课程）也特别重视在设计类课程中培养学生的跨学科整合能力。

青岛中学开设了若干门基于设计的技术课程，比如平面设计、服装设计、首饰设计、机械设计、App 设计、程序设计等。我们希望学生在从理念到概念、从概念到产品、从抽象到具体的思维过程中，培养创新能力和实践能力。

实践性和应用性是技术教育最显著的特点。学生使用创造性思维，将自己的理念转化为操作方案，进而形成有形的产品。在这个过程中，学生的创新思维、解决问题的能力、物化能力、工程思维得到培养。

二、自我存在的内在确证

技术课程具有动手实践性，本身也是劳动教育，或者说是具有新时代特征的劳动教育。因此，技术课程也就具有了劳动教育的价值和功能。

劳动创造了人。劳动不仅是人类生存的需要，具有工具性的外在价值,而且满足了人自我确证的需要,具有存在性的内在价值。人在劳动中创造物质产品的同时,也创造着自身;人通过物化的劳动产品,获得存在的价值感和意义,完成自我存在的确证。

过去,劳动是生存的必需。在现代社会,随着社会生产力的发展,劳动的形态发生了很大变化,很多人已经脱离了直接的为生存而进行的劳动。这时候,劳动的工具性价值降低,劳动的存在性价值(即人通过劳动来实现自我存在的价值感和意义感)突显出来。

我们所处的信息时代的劳动形态发生了很大的变化,但基于新技术的劳动同样具有传统劳动的内在价值,即通过劳动完成对自我存在的确证。"人的价值感和意义感的获得是一种对象性的活动。人自我存在的本质力量需要在对象化的活动中自我创造,自我生成后才能确证自我存在的理由……因此,新时代的劳动教育必须高度重视学生本质力量对象化之后价值感和意义感的获得。"[1]

一个孩子在沙滩上玩,看见别的孩子用沙子堆建城堡,他可能有破坏的冲动;但如果他自己也用沙子堆建城堡,他就实现了自我力量的对象化,他就会有保护这些城堡的想法。这既是儿童内心的自我建设,也是他自我存在的意义感的获得。这是劳动的内在价值。青岛中学的学生在校园里的每个窨井盖上画上心仪的图画,这不仅是他们的自我表达,也是他们的劳动成果,因而他们倍加爱护。

现代都市人缺乏劳动,却以运动代替。运动没有对象感,运动的愉悦来自大脑分泌的多巴胺和内啡肽。但是劳动与运动不同,劳动是一种"健康的疲乏",有一种获得感,是自身对象化的确证,是互动的欣喜,是看到植物发芽、开花、结果后的无比喜悦,是看到动物成长的感动,是一种身心的满足和快乐。在劳动中既有人与人之间相互协作的合作关系,也有人与自然万事万物的和谐共生关系。这是运动所没有的价值。

青岛中学 2020 年的"十事实办"之一,是"建立属于学生的养殖

---

[1] 班建武. "新"劳动教育的内涵特征与实践路径 [J]. 教育研究,2019 (1): 24.

园、种植园和池塘,让学生种喜爱的花草,养可爱的动物"。学校这么做的目的是培养学生的劳动价值观和劳动品质。

劳动不仅创造了人,还可以修复人的心理偏离。人在环境中用手的劳动实现自我存在,人自身通过双手在劳动中得到塑造。儿童在劳动中成长,劳动增强了他们的力量。现在儿童的劳动本能退化了。我有时认为,青少年的某些心理问题也许可以通过劳动或者技术课程得到纠正和疗愈。有些心理问题恰恰是由于用脑过度、用手不足,导致身体与心理不协调、自我价值感缺失、自我身份迷茫。人在劳动中可以实现身心归一、自身力量的对象化、自我存在的价值确认并得到内在的获得感。让儿童在大自然中劳动,或者完全投入、忘却自我地参与技术课程,也许可以促进儿童的心理健康。

三、当技术与艺术相遇

技术发展到一定的高度后,会和艺术相遇。有些技术,本身就是艺术。比如,服装设计、木工、烹饪、动漫、平面设计等课程,都是技术与艺术的结合。这样的技术课程,具有审美教育的功能。这些课程是艺术的技术表达,或者说是技术的艺术表达。

青岛中学有一门课程叫"摄影表达"。这既是一门摄影技术课程,也是一门创意表达的艺术课程。学生在课堂上利用生活中现成的材料、服装、配饰等模仿世界名画中的人物,然后再进行创意摄影。《戴珍珠耳环的少女》《蒙娜丽莎》《百合圣母》《最后的晚餐》等都被学生模仿得惟妙惟肖。

这门课不仅是摄影课程,还是绘画理解与表达课程,是一门技术与艺术相结合的课程。教师将技术与艺术连接在一起,将审美素养融入其中,提升了这门课程的审美内涵和价值。青岛中学开发了几十门基于艺术的技术课程,以及基于技术的艺术课程。

所以,我们必须以一种自由精神来看待技术教育,除了技术训练本身，审美鉴赏与人文素养也是技术教育的应有之义。"技术教育并不仅仅和科学知识相关，它也可能是属于对艺术家或某些艺术课程的工匠学徒的教育。"① 所谓工匠精神,乃是技术与艺术的结合。没有艺术的技术，很难达到至高境界。我国的漆器、陶瓷等工艺，就是技术与艺术的结晶，是实用与创造的结合。我国传统文化讲究"匠心"，本质上也是指技术达到艺术创造的境界和高度，从而具有人文性和艺术性。现代课程中的STEAM 中的"T"（Technology，技术）和"A"（Art，艺术），就是技术与艺术的整合。

四、什么知识最有价值

课程哲学的一个关键问题是什么知识最有价值。英国哲学家赫伯特·斯宾塞（Herbert Spencer）认为："这是一切教育问题中的重要问题。"② 这也是千百年来人们不断追问和不断回答的问题，不同的回答构成了不同的课程价值观。

古典时代，西方和东方都非常重视人文知识。西方教育以博雅教育为主要内容，以培养有文化的绅士为目标。我国古代以四书五经为学习内容，培养儒家崇尚的君子，以修身、齐家、治国、平天下为目标。

近代以降，工业时代来临，人们开始重视科学知识，以实用性为追求目标，培养社会经济建设需要的人才。但是科学和技术仍然是两个范畴的概念。科学和数学一样，在基础教育的课程体系中占据着举足轻重的地位，而技术却没有得到应有的重视。

我国自古以来有轻视技术的传统，技术一直处于末流。时至今日，虽然我国已成为全球的"制造工厂"，但是轻视技术这个根深蒂固的观

---

① 怀特海.教育的目的[M].庄莲平，王立中，译注.上海：文汇出版社，2012: 65.
② 斯宾塞.斯宾塞教育论著选[M].胡毅，王承绪，译.北京：人民教育出版社，2005: 11.

念仍然没有多少改观，社会上仍然存在重科学轻技术的现象。所以有时候我们感到奇怪：为什么我们能造宇宙飞船，却不能造飞机发动机？

说到底这是技术问题，而不是科学问题。根本原因是技术没有得到应有的重视。在社会各行业中，技术人员的社会地位和经济地位没有得到相应的提升；在基础教育和高等教育中，技术教育的地位没有明显的改观。虽然劳动技术、信息技术和通用技术是国家课程标准规定的中小学必修课程，但现实情况是，技术类课程并没有得到足够的重视。

重新审视技术课程的教育价值后我们认为，在基础教育阶段，技术教育应该被提升到一定的高度。在"五育"并重的前提下，特别是在国家重视劳动教育的背景下，技术教育应该与人文教育、科学教育等共同构成基础教育的主要内容，并有机地融合起来，以更好地发挥育人的功能和价值。

| 第五辑 |

以确定的品格应对
不确定的未来

人生如逆旅[①]

> 走进一条河流,你可以顺着走,也可以逆着走,我建议你永远逆水走,挑难走的路走。

非常高兴参加同学们的成人典礼,我今天给大家带来的礼物是一道数学题:在一个池塘里,每一天荷花开放的数量都是前一天荷花数量的2倍,如果到第30天荷花开满整个池塘,请问在第几天,池塘中的荷花开了一半?

是的,第29天。这就是"荷花定律"。它告诉我们,荷花开满池塘不是一天的事,要经过漫长的30天,而且越到最后越关键。

你们的成长也是这样。成长也不是一天的事,要经历漫长的岁月,但是成长中的某些时刻值得大家铭记。你们今天满18岁了,长大成人了,老师和家长今天给你们举办成人典礼,这就是一个标志性的时刻,意味着你们从今天开始长大成人。

18岁真的是如花的年龄,在今天这样一个场合,我应该祝福你们前程似锦,但是我又觉得这样的祝福其实很肤浅。我愿意以过来人的身份,给18岁的你们讲一个人生的基本道理,那就是人生之路没有捷径。人生如逆旅,充满挑战与曲折,没有人能随随便便成功;人生不可能躺赢,

---

[①] 本文为作者在2022年青岛中学高三学生18岁成人礼上的演讲稿。

永远不要期望走捷径。

我想用不同的学科理论和生活逻辑来证明这样一个人生的基本道理。

我先讲一个生活中的例子。前几天，我去青岛市即墨区第二中学开会，高德地图给我提供了三条路线，最远的路线比另外两条路线要远一倍以上，但是我却选择了它，为什么？因为它是耗时最短的，只需要39分钟。最佳路线并不一定是距离最短的所谓捷径，最长的路线反而有可能是最佳路线。其实，人生也是这样，最长的路可能恰恰是最佳路线，而捷径往往无法让我们实现目标。

这让我想起物理学中光的折射，一束光从空气中的A点射入水中的B点，它走的是一条折线。两点之间直线最短，光为什么不走直线而走折线？因为光要遵从一个定律，那就是它一定要选择耗时最短的路线。光在水中的速度比在空气中慢，所以光选择在水中走较短的距离，因而走了一条折线。这被称为"费马最小时间律"。这个定律告诉我们，在物理学的世界中，并不是两点之间直线最短。我们想走捷径，有可能反而会耗时更长。

我们再看另外一个物理学现象。一个小球从斜坡滚下来，请问小球走什么路线滚得最快？看起来好像走直线滚得最快，其实不然，走曲线最快。

最早提出这个问题的是意大利天文学家加利莱奥·伽利略（Galileo Galilei），他猜想最佳路线可能是一个圆弧，但他没有能够证明。1696年，瑞士数学家约翰·伯努利（Johann Bernoulli）解决了这个问题，他证明出来"最速降线"应该是一个等时曲线，不是直线，也不是圆。他还点名挑战牛顿，希望牛顿来解答这个问题。据说牛顿半年以后才看到约翰·伯努利的挑战书，他用了一个晚上就解决了这道难题。后来的数学家在这个基础上研究出变分法这门学科。其实它讲的也是同样的道理：直线不一定最快，捷径不一定最好。

我们再来看一个地理现象。世界上的每一条河流都是弯曲的，长江如此，黄河更是如此。大自然中没有一条河流是走直线的。所有的河流都有一个目标,那就是奔向大海。正是因为它们百折不回,却又九曲回环,才终于抵达大海。如果一条河流只走直线,不懂得曲线前进,那么,它一定会成为一潭绝望的死水。

大自然如此,人类社会也是这样。几千年来,人类历史就是在反复的曲折中前行的。1965 年,诺贝尔物理学奖获得者美国科学家理查德·费曼(Richard Feynman)提出了"对历史求和"的理论。这启发我们:人类历史的发展存在着多种可能性,历史的发展脉络是曲折的、变化的,长远来看,它是对多种可能性的求和,历史的偶然性中有着必然性。

我们同样可以对人生进行求和。历史不会走直线,人生同样无捷径可走。人生的道路上总是充满曲折、坎坷和艰辛,从来没有什么人生捷径,没有人能指望一步登天、一夜成名,没有人能够不劳而获,不付出努力就成功。甚至很多时候,我们要在逆境中砥砺前行。

以色列科学家阿伦·切哈诺沃(Aaron Ciechanover)是诺贝尔化学奖得主,他在演讲时谈到他妈妈教给他的思想方法以及人生态度:"妈妈说,走进一条河流,你可以顺着走,也可以逆着走,我建议你永远逆水走,挑难走的路走。"

是的,人生如逆旅,我们要坚持做难而正确的事,有时候,走难走的路往往更容易成功,因为艰难的道路上少有人走,不会拥挤。

人生不可能是直线。然而,每个人的人生曲线也各有不同,在我看来,走得远比走得高更重要。

我们来看数学上的两条曲线:对数增长曲线和指数增长曲线。对数增长曲线启发我们:一个人一开始可能走得很快,但是后来就可能到了一个平台,很难再有新的发展。指数增长曲线则相反,它启发我们:一个人开始可能走得很慢,有一个长长的平台期,但是到了某一个时间点,便可能厚积薄发,突飞猛进。

在人生之路上,真正有价值的是指数增长曲线,它厚积薄发、可持续发展。我们不仅要看你飞得多快、飞得多高,我们还要看你能飞多远、飞多久。

其实，学习曲线也是这样，有时候是先慢才能后快。比如，你们现在正在进行高三第一轮复习，虽然往往觉得自己付出了很多，但似乎没有什么特别的进展和成效。这很像是指数增长曲线，你正在积累，只要你坚持，就会从量变到质变，一定会在某个时间点上有新的突破。

古人说"功不唐捐"。意思是说，人生所有的努力都不会白费。任何事都有一个过程，量变才能引起质变。这个过程无比煎熬，到达顶峰之前的上坡总是艰难费力的，但是只要你熬过去，前方就会峰回路转，柳暗花明。

让我们再回到"荷花定律"。荷花在第29天才开满一半池塘，最后一天才开满整个池塘。"行百里者半九十"。很多人努力了很长时间，最后却在成功前选择放弃。很多时候，能否成功往往不在于力量的大小，而在于是否坚持。我们要相信坚持的力量。最后的结果一定是最好；如果不是最好，说明还没到最后。

坚持是重要的意志品质，从某种意义上说超过了智力品质。日本作家村上春树说："今天不想跑，所以更要跑。这才是一个长跑者的思维方式。"成功，需要厚积薄发，需要忍受煎熬，需要耐得住寂寞。坚持，坚持，再坚持，直到最后成功的那一刻。

同学们，今天你们成年了，今后的人生就在你们自己手中，你们要为自己的成长负责，将自己铸造成器。要相信自己。一只站在树枝上的鸟，从来不担心树枝会突然折断，因为它相信的不是树枝，而是它自己的翅膀。

那些没有人告诉过你的事①

> 你既是雕塑,也是雕塑家,你最大的责任是把自己这块材料铸造成器。

成人意味着责任。刚才同学们走过成人门,我给每位同学行拍肩礼,这三次重重的拍肩,就是将三份责任担在你们的肩上。

第一是对国家和社会的责任。在我办公室的门口有一张图表,它写着 2017 年 8 月 27 日青岛中学开学的时候,你们作为第一批学生进校的年龄以及到未来几个重要时间节点时的年龄。当年你们进校的时候是 14 岁,今年你们是 18 岁,到 2035 年我国基本实现社会主义现代化,2050 年建成富强民主文明和谐美丽的社会主义现代化强国的时候,你们正年富力强,你们将分别是 30 多岁、40 多岁。你们将躬逢一个伟大的时代,你们也将去创造未来的伟大时代。未来需要你们去创造,你们怎样,未来就会怎样!未来我们这个民族会复兴吗?我们这个国家会强大吗?这个社会会越来越好吗?我认为这要靠你们用行动来回答。

就像学者崔卫平所说的那样:"你所站立的地方,正是你的中国。你怎么样,中国便怎么样。你是什么,中国便是什么。你有光明,中国便不黑暗。"所以,你们肩上担负着这个民族、这个国家的未来,担负着

---

① 本文为作者在 2021 年青岛中学高三学生 18 岁成人礼上的演讲稿。

这个伟大的时代和社会的责任与使命。你不用去问未来会给你什么，这个国家会给你什么，而是要问自己，你能为未来做什么，你能为这个国家带来什么。

第二是对父母和家庭的责任。你们18岁了，父母养育了你们18年。现在你们长大了，要放飞了。有人说世界上所有的爱都是以聚合为目的，只有一种爱是以分离为目的，那就是父母对子女的爱。黎巴嫩诗人卡里·纪伯伦（Kahlil Gibran）说过，父母是弓，儿女是弓上的箭，父母要用尽力气拉满弓，让儿女这支箭飞得又高又远。

所以，你在成年之后，要懂得感恩父母，担负起家庭的责任，你将是三口之家或者四口之家的一根柱子，你要承担起你的那份责任。

第三是对自己成长的那份责任。你既是雕塑，也是雕塑家，你最大的责任是把自己这块材料铸造成器。小时候，父母对你的影响最大；上学后，老师对你的影响最大；青春期，同伴对你的影响最大；18岁之后，这些影响都在下降，只有你自己才是对自己影响最大的人。你的责任就是将自己铸造成器，你的父母和老师期待着你的成长。

这就是三份沉甸甸的责任。

也许，你们并不想长大，但是你们别无选择。在今天这样一个特殊的时刻，作为校长，我想和你们说说那些没有人告诉过你们的事。

第一，青春不是永久的。春天来了，但是春天可不是永久的。人生也是这样，青春来了，但是青春也不是永久的。青春是美好的，也是短暂的。这个世界上一切美好的东西都是短暂而易逝的，而且，人们总是在美好的东西逝去之后才懂得珍惜它。希望同学们珍惜青春岁月，珍惜才是真正地拥有。

第二，人生不是轻松的。在你们小的时候，爸爸妈妈和老师会说，等你长大了就没那么辛苦了；上高中的时候，爸爸妈妈和老师会告诉你，等上大学就轻松了；上了大学后，爸爸妈妈和老师会告诉你，毕业后参加工作就轻松了。其实，人生不可能是轻松的。人生是一个漫长而艰辛的旅程，需要我们付出努力和汗水。

当然，人生虽然并不轻松，但可以是快乐的。学习也是这样，学习从来不是轻松的，但可以是快乐的。有人说，青岛中学的学生学习很轻松，我说不对，他们的学习并不轻松，但是他们很快乐。从来没有轻松的人生，你们也不要指望轻轻松松过一生，但是你们可以让人生变得有意思、有意义、有价值。

第三，聪明不是一种美德。小时候，也许经常有人夸你："真聪明！"但是，进入成人世界后，不会有人再说你真聪明了。确实，人不可能只依靠聪明成就任何大事，所谓聪明，只不过是你在某个方面比别人多那么一点儿天赋。如果你把它当作一种品质、一种美德，甚至是可以依赖的资源，那么你这一生注定会失败。

澳大利亚有一个运动员叫尼克·克耶高斯（Nick Kyrgios），他是个网球天才，球感极好，但只是聪明，品行不好。他经常辱骂裁判，嘲笑对手和观众。他虽然聪明，但是注定走不远。在2021年澳大利亚网球公开赛男单第三轮比赛前，他要求主办方把比赛安排在外场，希望澳大利亚人看到他如何赢球，但是却被对手逆转反超淘汰。美国网球运动员塞雷娜·威廉姆斯（Serena Williams）是一个伟大的球员，她不一定聪明，却非常勤奋。她已经40岁了，拿过23个大满贯单打冠军。她打每一个球都很认真。她发球的时候从来不挑球，因为她小时候家里穷，爸爸从超市买最差的球给她和姐姐练习。她取得成功靠的不是聪明，而是勤奋和努力。

一个人智力的不足可以靠品行来弥补，但是品行的缺陷不可能用智力来弥补。古人说："聪与敏，可恃而不可恃也；自恃其聪与敏而不学者，自败者也。"

第四，别把无知当个性。在你成年之前，如果你因为无知而闹出笑话，大人们会说："这孩子不懂事，可以被原谅。"但是，在你成年之后，其他人就不会再说你不懂事了，你也不能把无知当成个性，而应该保持认知谦逊。我们每一个人所掌握的知识都非常少，这很正常，但是我们要知道自己的无知，而不能自大自傲。

人的认知有四种：知道自己知道，知道自己不知道，不知道自己不知道，不知道自己知道。在人的几种认知中，不知道自己不知道占很大比例，这是真正的无知。人类过往的历史表明，我们知道的甚至比我们认为自己知道的还要少。苏格拉底有一句名言："我唯一知道的是我一无所知。"你知道得越多，就越知道自己的无知。所以，保持认知谦逊非常重要。

第五，成人世界不再是简单的黑与白。小时候你会问爸爸妈妈："电影里面的这个人是好人还是坏人？"你总觉得这个世界要么是黑的，要么是白的；这件事要么是对的，要么是错的。但是，真实的世界不是简单的黑白世界，而是一个灰度空间。在黑和白之间有着大面积的灰。这就告诉我们，你在成年之后，对人对事、看待问题和解决问题，不要走极端，不要片面、狭隘和偏执。有时候要学会妥协，学会选择。当然，你要有自己坚守的价值观和是非观。

最后，你有追求，更要有要求。你想健康，就要运动；你想成功，就要付出。有追求和梦想的人可以走得更高，对自己有要求的人可以走得更远。既有追求，又有要求，才可能取得成功。

河流高不过它的源头[①]

> 河流永远不会高过它的源头，一个人取得的成就也不可能超过他信念的高度。

我很高兴参加同学们的高三入境教育仪式。

提到入境，我想到王国维在《人间词话》中对境界的描述。他说人生或者做学问有三个境界。第一个境界是"独上高楼，望尽天涯路"，也就是要站得高，看得远，如果用一个字来说，就是"立"，也即立志；第二个境界是"衣带渐宽终不悔，为伊消得人憔悴"，如果用一个字来说，就是"守"，立完了志你要守志，为你立的志而奋斗；第三个境界是"众里寻他千百度，蓦然回首，那人却在，灯火阑珊处"，如果用一个字来说，应该是"得"，某一天，你蓦然回首，发现当初的目标实现了，就在灯火阑珊处。这是人生的境界，也是做学问的境界。我想，这也是同学们在青岛中学求学的三个境界。

一、顺风不助无目的地的船

第一个境界是立志，也就是要有一个目标。今天，你们进入高三，

---

① 本文为作者在 2021 年青岛中学高三学生入境教育仪式上的演讲稿。

在中学时代最后一年的门槛上,你们要清晰地回望一下过去十一年的求学经历,展望未来的路。

目标很重要,一个人如果没有目标,就会像大海中漂泊的船。没有目标的出发叫漂泊,因为你不知道自己要去哪里。

有了目标,你才知道哪阵风可以给你助力;如果没有目标,你就不知道,也无所谓哪一阵风是顺风,哪一阵风是逆风。所以说,顺风不助无目的地的船。

美国哈佛大学曾对年轻人做过一个社会学调查,结果发现只有3%的人有清晰而长远的目标,10%的人有清晰但短期的目标,60%的人目标模糊,还有27%的人没有目标。25年后,工作人员又对这些受访者进行回访并分析,发现这3%有清晰和长远目标的人成为社会的精英,没有目标的人成为社会底层。

1953年,美国耶鲁大学对一万名大学毕业生进行了一次调查,也发现只有3%的人设置目标并且制定了详细的计划,10年以后的跟踪调查发现,这3%的学生创造的财富占这一万名被调查学生所创造财富的50%。这就是二八定律,20%的人创造的财富超过80%的人创造的财富。确实,你若没有目标也就谈不上计划,没有计划就没有行动,即便有行动也不知抵达何处。

有个寓言故事,《西游记》中的白龙马跟随师父到西天取得真经之后荣归故里,备受荣宠。白龙马之前和一头驴在一起拉磨,所以这头驴很不服气,说:"你有什么了不起,不就是去了一趟西天嘛,我每天在家里拉磨,走的路一点儿也不比你少。"白龙马说:"我虽然和你走了同样的路,但我是有目标的,我和师父去西天取经,每走一步,都是朝向这个目标、接近这个目标,而你的每一步都是在原地打转。"

目标是引领我们前进的启明星,给我们以方向;目标是一个梦想,梦想的翅膀会带着我们飞行。这段时间你确立这个目标,它带着你飞一段;过段时间,你可能有了新的目标,它再带你飞一段。每一个远大的梦想都会带着你飞行一段旅程。

二、从优势出发

如果我们把目标看成是要到达的终点，那么，起点就是自我认知。自我认知既是一个古老的哲学命题，也是一个人生命题。苏格拉底认为，人生最重要的问题是认识自己。我国古人讲"人贵有自知之明"，说的是同样的道理。认识自己很重要，也很难。

所谓"五十而知天命"，对我来说重要的是知道自己的不足和弱点在哪里，保持认知谦逊，有自知之明。

而在你们这个年龄，恰恰相反，最重要的自我认知，是要知道自己的优势和长处在哪里。一个成功的人，往往是从自己的优势出发，依靠优势完成人生目标。一个人的天赋、天分、优势、长处，是他将来的立身之本。

美国学者霍华德·加德纳（Howard Gardner）提出多元智能理论，他认为每个人都有某一种智能优势。传统的智力理论只强调语言智力和数理逻辑，这是非常狭隘的。加德纳通过研究发现，人有九种智能，不同的人有不同的智能优势，并且这九种智能都是平等的，没有高低之分。有的人空间感很好，将来可以做个优秀的建筑师或者雕塑艺术家；有的人情商特别高，善于与人交往，将来适合做管理、媒体以及与人打交道的工作……你们每个人将来都要靠优势来立世、立身，你一定有某种优势，但不一定非得在语言或数理学科里面找。所以，成长的过程也就是发现自己的过程。你要从自己的天赋或优势出发，然后付出努力，成为更好的自己。

有一个理论叫木桶理论。这个理论认为木桶能装多少水取决于最短的木板的高度。木桶理论要求人们去补短板，语文不好学语文，数学不好补数学……结果往往并不见效，反而自己的优势没有得到很好的发展。在现代社会，木桶理论已被长板理论所取代。长板理论认为，每个人都有短板，这并不可怕，关键是你有没有长板。如果你的长板足够长，你就可以创造价值，你可以借助别人的长板来弥补自身的短板。人生的高度取决于你的长板有多长。所以，你一定要找到自己的优势所在，并且充分发展自己的优势，扬长比补短更重要。

三、河流高不过它的源头

从智力的角度来看，人和人之间只有很小的差别；但是从人生的发展来看，人和人之间却有很大的差距。不同的世界观、不同的态度和信念决定了不同的人生高度。

河流永远不会高过它的源头，一个人取得的成就也不可能超过他信念的高度。

心理学家做过这样一个实验。在野外找一只能跳一米多高的跳蚤，然后把它放在密封的玻璃缸中罩起来，玻璃缸高40厘米，跳蚤每天在里面跳到40厘米就触顶了，然后掉下来，再跳，再落下来。一个月后，工作人员把玻璃罩打开，这只跳蚤只能跳到40厘米，因为它认为自己只能跳40厘米。这只跳蚤失去了正确的自我认知，丧失了信念，这叫作自我设限。

前些天我看到一个视频，一只鸡被一只狗狂追，最后鸡飞到了树上。鸡的祖宗是会飞的，经过人类的长期驯化，它认为自己不会飞了，也从来没有这个信念，慢慢地这个功能就退化了。现在鸡在情急之下，居然飞起来了。

还有这样一个故事，一位农民捡了一只老鹰的蛋，拿回来和鸡蛋一起孵。孵出来后，小鹰和小鸡们一起生活，小鹰也认为自己是一只鸡。后来小鹰慢慢长大，农民觉得应该让它回到大自然中。农民就找了一处悬崖，将小鹰放飞。不幸的事情发生了，这只鹰不会飞，沉甸甸地掉下去了，因为它从来不知道自己可以飞。但是就在即将掉到悬崖底部的时候，求生的本能将小鹰的潜能激发出来，它拼命振动翅膀，最后飞了起来。

其实，你们每个人都是一只雏鹰，都可以飞翔，而且可以飞得很高很远。如果你暂时没有飞起来，很可能是因为你被某个东西压住了，或者说，你的优势和潜能被抑制住了，你的内心没有必胜的信念，缺乏正确的自我认知。

信念本身会改变人的行为，行为会成为习惯，习惯形成性格，性格决定命运。一个人能否成功，不是取决于他是谁，而是取决于他如何看待自己。一个人不成功，往往不是因为他不行，而是因为他认为自己不行。

四、你根本不能浪费时间，你浪费的其实是你的生命

对所有人来说，时间都是最稀缺的资源，因为它一去不返，不可再生。时间是我们度量人生长度的工具，甚至时间本身就是我们生命的存在方式。

要学会时间管理，培养时商很重要。最重要的时间管理方法是分清轻重缓急。《青岛中学学生手册》中有这样一个工具，按照重要性和紧急性两个维度，将事情分成四个象限：第一象限是重要且紧急的事，第二象限是重要不紧急的事，第三象限是紧急不重要的事，第四象限是不重要也不紧急的事。任何事情都可以归于其中的某一象限，我们要学会管理事情，将最主要的时间用来做最重要的事。

学会加减乘除也很重要。"加"就是把碎片时间利用、积累起来；"减"就是把不需要整块时间去做的事情化大为小，然后用碎片时间完成，比如可以用碎片时间来背单词；"乘"就是同时做两件事，比如跑步的时候思考问题或者听书，睡觉前在脑子里重温当天学习的内容；"除"就是尽量少做或者不做那些浪费时间的没有价值的事。

人每天有 24 个小时，其中 8 个小时是黄金时间，也就是学习工作时间，这对每个人都是一样的；还有 8 个小时是白银时间，也就是睡眠时间，这也很重要；最后还剩 8 个小时，我们可以叫闲暇时间，或者叫个人时间，人和人的差距往往就取决于这 8 个小时，取决于个人闲暇时间是如何分配的。

时间是有度量单位的，你可以用年度量，可以用月度量，也可以用星期、天、小时、分钟来度量。以不同的方式去度量时间，就会形成不同的时间观。以分钟来度量时间，我们会觉得时间很多，以年来度量时间，我们便会觉得一生很短。不同的时间观决定了我们不同的成长高度和人生高度。人们经常说自己浪费了时间。其实，时间根本无法被浪费，你浪费的是你的生命。

五、竭尽全力而不是尽力而为

大概七十多年前，美国的一位牧师给他的学生讲了这样一个故事。一个猎人出去打猎时打伤了一只兔子，猎狗奉主人之命去追受伤的兔子。兔子拼命跑，猎狗尽力追，结果没追到。猎人很生气地问猎狗："你怎么跑不过一只受伤的兔子呢？"猎狗回答说："我已经尽力了。"兔子回到家后，它的兄弟姐妹都很惊讶，问："你受伤了，怎么猎狗没有追上你？"兔子说："猎狗是为了完成主人的任务，它是尽力而为；我是为了活命，我是竭尽全力。"所以，竭尽全力和尽力而为是两种不同的态度。

牧师对他的学生说："谁能背诵《马太福音》第五章到第七章的内容，我请他去西雅图的太空针塔餐厅吃晚餐。"《马太福音》第五章到第七章的内容不押韵，很难背，有两万多字，即使是成年人也很难背诵下来。一周后，一个11岁的男孩儿站在牧师面前，将《马太福音》这一部分的内容全部背了下来。牧师很惊讶，问道："你是如何做到的？"他说："我是竭尽全力。"这个男孩儿就是比尔·盖茨（Bill Gates）。

你若竭尽全力去做一件事，一定会取得想象不到的结果。所以，行动第一。任何成绩的取得，都是99%的汗水加上1%的方法。除此之外，别无他途。

以确定的品格应对不确定的未来①

> 接受教育意味着获得不同的视角,理解不同的人、经历和历史。接受教育,但不要让你的教育僵化成傲慢,教育不应该使你变得更顽固。如果人们受过教育,他们应该变得不那么确定,而不是更确定。
>
> ——塔拉·韦斯特弗

二十多天前,我在十二年级一个学科教室门口的白板上看到这样一句话:"快点儿考完,慢点儿毕业。"我特别理解同学们当时的心情,大家希望高考能早点儿结束,但又希望能够慢点儿毕业。当然,这只能是一个美好的愿望,高考如期结束,毕业同样如期来临。

同学们上了四年高中,其中有三年是在新冠肺炎疫情中度过的。疫情改变了世界,改变了人类的生活方式,也加剧了这个世界的不确定性。我们正生活在一个充满不确定性的时代,你们的未来可能还有更多的不确定性。我们要以不变应万变,将不确定性转化成更多的可能性,以确定的品格,应对不确定的世界和未来。

对你们来说,什么才是最重要的?我认为,面对未来,有三个要素是最重要的,一是做人的必备品格,二是做事的关键能力,三是看待问

---

① 本文为作者2022年在青岛中学高中生毕业典礼上的演讲稿。

题的多元视角。这是我送给同学们的三件法宝，也是我认为你们应具备的确定的品格。

关于做人的必备品格，"诚信、感恩、爱"是青岛中学学生的必备品格。诚以立人，爱以致远，感恩是幸福之源。希望你们能够一直以这样的品格塑造自己，这也是青岛中学给你们的文化烙印。

关于做事的关键能力，我们相信未来最重要的能力有两种，一是学习能力，二是创新能力。拥有了这两种能力，你们便能够应对不断变化的未来。

关于看问题的多元视角，从本质上说，多元视角就是批判性思维。我们看问题不能太偏执、太极端、太简单、太狭隘，要全面地看问题，同时我们的心胸要宽广，我们的观念要包容。越是多元多变的世界，越是需要我们用多元视角去观察，同时独立思考，自主判断。

今天我想着重和同学们谈谈多元视角与批判性思维。

四百多年前，意大利传教士利玛窦（Matteo Ricci）来到中国，向明朝皇帝进献地图。他为了照顾皇帝的心理，将中国放在世界的中心。其实，利玛窦原来的世界地图不是这个样子的，而是以零度经线作为中心线。他在苏州的时候，我国的一些学者和官员告诉他，中国才是世界的中心，在他这个地图上中国偏居一隅，大家不能接受，如果把这个地图进献给皇帝，一定是死罪。

利玛窦考虑到中国人的这个观念，便将中国向西移动到地图的中心。所以一直到现在，我们见到的中国版的世界地图，基本上都是这个版本，将太平洋放在中间，将亚洲放在中心。这是中国人看待世界的一种视角。

大家如果去美国或者欧洲，见到的世界地图会是另一个样子。那里的世界地图基本上是以欧洲为中心，也就是以零度经线为中心，将大西洋放在中间，将欧洲放在中心。这是欧洲人看待世界的一种视角。

这并没有绝对的对错，这只是告诉我们，原来世界上不同国家的人看到的世界是不一样的。世界是多元的，我们应当以同样多元的视角去认知不同区域、不同种族的不同文化，而不是狭隘地认知自我和世界。

其实，我们学过地理和数学以后就知道，即便现在的世界地图非常精确，它也是变形的，因为地球是球体，将一个球体展开为一个平面，需要使用变形的方法进行处理，比如采取投影的方式等。所以，我们看到的世界地图是地球的变形。实际上，非洲要比地图中的大很多，而欧洲没有地图上这么大，南极洲也远远没有这么大。我们看到的是一个变形的世界。

十几年前，我第一次去美国洛杉矶，去的时候没感觉，回来的时候发现飞机的航线是从洛杉矶向北飞到加拿大，然后飞到北冰洋，再从俄罗斯经过我国的东北，最后到北京。当时我很奇怪，为什么飞机不直接从洛杉矶向西跨过太平洋飞到北京？这样不是更近吗？后来我才知道，地图的平面是变形的，而地球是一个球体，飞机选择从北边飞的航线，也许有其他方面的考虑，如果仅从距离上看，绕道北冰洋并不一定更远。

我们习惯看横版的世界地图，也有专家开发出竖版的世界地图。在竖版世界地图中，非洲比较大，欧洲比较小，南极洲更小，面积跟澳洲差不多。而且，从竖版世界地图看，飞机从美国飞到中国，选择从北边飞可能距离更短。其实，竖版世界地图仍然是变形的。我们看到的也不一定就是真相。

再比如，我们的地图遵循上北下南的规则，其实大家知道，地球在宇宙中没有方向。我估计这是欧洲人定义的规则，也就是北半球人定义的。南半球的人也许要问我们：为什么是上北下南，而不是上南下北？

新西兰的土著毛利人就有这样的疑问。新西兰是由南岛和北岛组成的，毛利人认为这两个岛源自祖先的一个传说。在传说中，兄弟二人划着独木舟在海上钓了一条大鱼，南岛就是独木舟，北岛就是那条大鱼。他们觉得，南岛应该在上面，北岛应该在下面，这才符合独木舟和大鱼的形状及祖先留下来的传说。所以，他们挂的地图是倒过来的。这就是他们的视角。

这告诉我们，我们的认知不一定就是别人的认知。站的位置不同，视角不同，得出来的结论也就不同。我们看到的不一定就是世界的真相，也许我们只看到了世界的一面，而忽视了世界的另一面。不同的视角影响着我们的观念，而我们的观念往往又决定着我们的视角。

我们若有了多元视角，看问题就会更全面，就不会轻易被蒙蔽。我以 2022 年北京冬季奥林匹克运动会的金牌榜为例进行说明。中国媒体发布的金牌榜是按照金牌数排列的，这也是国际惯例。在这个金牌榜中，中国的金牌数领先美国，所以中国排在美国前面。而在美国主流媒体发布的奖牌榜中，美国排在前面，而中国的位置偏后，因为它是以金银铜牌的奖牌数为序排列的。其实两种算法都没问题。所以，视角很重要。我们有了多元视角，也许就不会误解和轻信。

怎么获得多元视角？我认为需要通过教育。小说《你当像鸟飞往你的山》的作者塔拉·韦斯特弗（Tara Westover）在接受《福布斯》杂志采访时说过这样一段话："接受教育意味着获得不同的视角，理解不同的人、经历和历史。接受教育，但不要让你的教育僵化成傲慢，教育不应该使你变得更顽固。如果人们受过教育，他们应该变得不那么确定，而不是更确定。他们应该多听少说，对差异满怀激情，热爱那些不同的想法。"《你当像鸟飞往你的山》的英文原名是《Educated》，这个原版书名表明，本书的主题就是教育。

这就是教育的作用。教育可以让我们的视角更加多元，更加全面，也可以让我们的观念更加开放，更加包容。

今天你们毕业了，即将离开母校，从某种意义上说，你们这一生也许无法真正离开。因为你们的身上，被深深打上了青岛中学的文化烙印，你们塑造了青岛中学的文化，青岛中学的文化也塑造了你们。希望你们带着"诚信、感恩、爱"的青中品格，从这里出发，开启人生中下一个重要阶段。希望你们在未来的学习中进一步培养独立人格和自由思想，培养学习能力和创新能力，培养多元视角和正确的价值观念，培养发现问题的眼光和解决问题的能力，以确定的品格应对不确定的未来。

时间是什么

> 时间像空间一样，是人类生活的一种深刻的过程和结构。
>
> ——约翰·哈萨德

时间是什么？这是一个古老的追问。

古罗马思想家奥古斯丁（Augustine）说："时间是什么，如果无人问我则我知道，如果我欲对发问者说明，则我不知道。"

一、时间是一种稀缺资源

时间是单向的，不可逆，且一去不返，所以中国人比喻时间为光阴似箭。也有人将时间比喻成一条河流，从过去流向未来。"子在川上曰：'逝者如斯夫，不舍昼夜。'"

时间的供给没有弹性，无法根据供需来调节，人们租不到，买不到，借不到。这个世界上最珍贵的东西都是买不到的，比如时间、空气、自由、健康、爱。

时间完全没有替代品，且无法储存，稍纵即逝。时间是一条游龙，你不驾驭它，它就会从你的身边溜走。

时间又是公平的，皇帝与弃儿的一天同样是24个小时。人们只能节约时间，不能延长时间。

时间是最珍贵的不可再生的稀有资源，人们却以为它用之不竭，往往最不善于管理时间资源。"人都是时间消费者，而大多数人也是时间浪费者。"①

二、时间是生命的存在方式

从某种意义上说，时间是人的存在方式。时间和空间共同构成了人们存在的方式。时间是生命的长度，或者说是生命的度量单位。

西方谚语说得好："当我们消磨时间的时候，时间也正在消耗我们。"（While you're killing time, time is killing you.）我们根本无法浪费时间，我们浪费的其实只是自己的生命。

"时间是我们最具特色、最具决定性、也是最让人恐慌的发明。"② 我们知道自己的过去和未来，这是我们与动物最大的区别。

时间也给教育者提出了一些要求。如果要教他人，就意味着要生活在他人之前。在前喻文化的时代，只有年长者才能充当年轻者的老师。智慧需要时间的沉淀和经验的积累。

现在是后喻文化的时代，是网络时代和信息化社会。年轻人若比年长者接触到更多、更新的信息，晚辈也可以成为长辈的老师。时间与智慧脱耦了。

三、时间本质上是一种顺序和节奏

空间本质上是一种关系和秩序，时间本质上是一种顺序和节奏。

时间如河流，亘古如斯地流淌，日复一日，乏味而疲惫。人们需要节奏和周期，于是发明了节日，赋予某一天以某种意义，表示这一天与

---

① 德鲁克.卓有成效的管理者[M].许是祥，译.北京：机械工业出版社，2013：28.
② 萨瓦特尔.教育的价值[M].李丽，孙颖屏，译.北京：北京大学出版社，2012：17.

别的日子有所不同，在乏味的时间节奏中制造一种别样的感觉。于是有了星期，让时间有了周期，人们能够在时间的漂流中得到喘息。

在一周之中，人们对于时间的感受是不同的。有统计表明，人们感觉最好的一天是周六，人们可以度过没有闹铃的一天，闲散、慵懒，还可以睡个懒觉，虽然很多人周六早上还是会早早醒来。其次是周五，因为周末即将到来，人们充满着期待和兴奋。然后是周日，虽然也是在放假，但是这一天的感觉已不如周五和周六那么美好，因为周末即将结束，有人在周日的黄昏便开始轻度抑郁，晚上开始轻度焦虑。再然后的顺序大体上是周二、周三、周四、周一。很少有人会期待周一，所以周一总是黑色的、郁闷的一天，西方人说周一是 blue Monday。人们似乎是为了周末而活，而在平时的日子里则是度日如年。

四、时间的异化

在农业社会，人们对于时间采取的是一种顺从和模糊的态度。人们不会想到控制时间、消耗时间和节省时间，人们从容不迫地生活，没有准时的概念，也没有迟到的说法。今天做不完的事，就留到明天做。人们遵从自然的节奏和自身的律动。

在工业社会，时间异化了。时间异化为金钱，成为一种有价值的商品，工人的劳动价值以劳动时间来计算，物品的价值也是以凝结于其中的劳动时间来衡量。人们交换的是时间而不是技能，人们出卖的是劳动时间而不是劳动。整个资本主义社会的历史可以简化为工人不断减少工作时间的历史，以至于有人强调"工业时代的关键引擎是时钟，而不是蒸汽机"[1]。

工业化以来，时间也异化为一种管理的工具。甚至从某种意义上说，异化为规训人们的无形工具。

---

[1] 哈萨德. 时间社会学 [M]. 朱红文，李捷，译. 北京：北京师范大学出版社，2009: 15.

时钟被发明以后，人们的生活和工作都被划分在时间的格子里。我们每个人都被囚禁在时间的网格之中。人们生理和心理的自然节奏被打破了。钟表和日历在深层次的意义上制约着人们的生活。准时被认为是一种美德，迟到和不守时被认为是一种冒犯和不敬。

时间于是成为一种规训的手段，成为一种权力。时间表和规章一样具有规训的权力，即便在学校中也是这样。比如，在学校中，时钟常常被置于黑板的上方；铃声作为钟表的延伸，也成为学校的一种功能性符号，规定着师生的行为；作息时间表也成为规范学生行为和生活方式的工具。

有个企业在员工退休仪式上，给即将退休的员工每人发了一个时钟，让他们用力将时钟摔在地上。这是一种隐喻，从第二天起他们再也不用严格按照钟表工作和生活了，他们将不再被时间囚禁。

"时间像空间一样，是人类生活的一种深刻的过程和结构。"①

五、时间是线还是轮

自从时钟被发明以来，时间便表现为"天文时间"或者"时钟时间"，其特征是均质性、连续性、单向性、绝对性，它是匀速流淌的河流，是精确的机械运动，是不可逆的时间之箭。这是线性的量化的时间。在这个时间之轴中，"过去是不可重复的，现在是短暂的，而未来则是无限的和可开发的。"②

与"天文时间"相对的是"社会时间"。社会时间的特征是非连续性、多样性和相对性。这是一种质性时间。

爱因斯坦说过，一个男人和美女对坐一小时，他会觉得好像只过了一分钟；如果让他在热火炉上坐一分钟，他会觉得好像过了一小时。爱

---

①② 哈萨德.时间社会学[M].朱红文，李捷，译.北京：北京师范大学出版社，2009: 82, 14.

因斯坦以此解释相对论，其实也解释了时间的相对性。

天文时间是无始无终的连续体，而社会时间是非连续性的，社会时间是以社会生活中"集团行动的节律"来定义的，有开始和结束。而且，在人们的心理感受中，时间有时并不是单向的、历时性的，有时人们可以穿越或者平行地体验过去、现在和将来，这使得时间具有了同时性与多重性。比如在意识流中，时间可以逆行，时光可以倒流，昨日可以重来。

社会时间也可以不是线性的，而是循环的。在中国古代，人们是按照天干地支来纪日，六十年是一个甲子，也即一个大轮回；人们也是按照二十四节气的轮回来安排生活和耕种。时钟、手表、日晷等时间装置的造型，也多半是"轮"，而不是"线"。这也隐喻时间是一种轮回、一种循环。

时间究竟是什么？时间有始有终吗？时间不可逆吗？时间是静态还是动态？时间是线还是流，或者是轮？

这仍然是一个未解之谜。

半生唯爱是读书[1]

> 一个人的精神成长史就是他的阅读史。不读书，我们的精神生命不可能丰盈。

《新课程评论》： 汪校长，您好！感谢您接受访谈。我读到李希贵校长为您的著作《教育从何处出发》写的序言，序言中说您是一个酷爱读书的人。这一酷爱，源于何时？受哪些影响？又是如何形成的？

汪正贵： 我从小就喜欢读书。小时候家里很穷，没有书可读，所以一见到有字的纸，我就会找来读。我小时候家里人用旧报纸糊墙和天花板，睡在床上的时候，我就读房间墙上和天花板上的旧报纸。

书是我从小的热爱。我父母不识字，但对书籍和文字很敬重。母亲告诉我，字是有灵魂的，有字的纸不能踩踏，不能用作手纸，只能当柴火烧掉。这种对文字的敬畏，对幼年时的我影响很深。

上小学时，看到别的同学有书，我就借来读，因为第二天必须还，所以只能当天读完。我在放学路上读，回到家掌灯夜读，小时记忆力好，常常读完便会背了。小时候我还曾偷拿过姑姑家的小表弟的《少年文艺》

---

[1] 本文发表在2022年第3期《新课程评论》上，收入本书时有修改。访谈者为《新课程评论》杂志编辑杨志平。——编者注

和《儿童文学》，现在想来还觉得惭愧。

上初中时，我的班主任是语文老师，他酷爱读书，也特别敬畏书，他告诉我们，他读书之前一定先洗手。他常常从家里带一些珍藏的书到课堂上给我们看，比如《牡丹亭》《悲惨世界》等名著。他拿这些书的时候，一定会戴上白手套。这特别有仪式感，我们对书的敬畏感油然而生，都不敢摸这些书。老师说他从不借书给别人看，但我记得他专门借给我一本《朱自清散文选》。我非常珍惜，认真诵读，其中的名篇如《荷塘月色》等，我读后就会背诵了。上初中时虽然没读过什么书，但老师给我们介绍了很多中国古典名著和世界名著的书目，这在我们心中埋下了热爱读书的种子。

上大学时，图书馆里有很多书。我终于可以泡在图书馆里读书了，这对我而言是一种奢侈的享受。春日午后，我坐在葡萄架下读书，一阵阵春风拂过心头；每至夏夜，夜空中群星璀璨，夜凉如水，我读书倦了，走到户外，内心无比宁静、充实，有一种蕴藏力量的快感。

念大三的时候是1987年，我从学校图书馆借了李泽厚的《美的历程》，读完后觉得非常震撼，特别喜欢这本书。当时书店中没有这本书，我一时买不到，想将它据为己有。于是，我到图书馆问询，如果借的书弄丢了怎么办？回答是要缴纳数倍于书价的罚款。最后，我几乎把这本书抄了下来。

再后来我工作了，终于有钱买书了。读书的习惯一直延续至今，半生唯爱是读书。正如古人所说，一日不读书则语言无味、面目可憎。苏联作家玛克西姆·高尔基（Maxim Gorky）曾说，书籍一面启示着他的智慧和心灵，一面帮助他在一片烂泥塘里站起来，如果不是书籍的话，他就沉没在这片泥塘里，他就要被愚蠢和下流淹死。

《新课程评论》：这让我想起了美国诗人沃尔特·惠特曼（Walt Whitman）的那首诗："一个孩子每天向前走去，他看见最初的东西，他就变成那东西，那东西就变成了他的一部分……"您儿时虽然生活清贫，却有敬惜字纸的父母、良师相伴，一路行来，精神上是富足的。金克木先生曾在一篇文章中将人们读的书分为跪着读的书、站着读的书、坐着读的书、躺着读的书等几大类。在您的阅读天地里，又主要有哪几类书呢？它们分别带给您怎样的影响？

汪正贵： 我小时候喜欢读故事书，到了初中以后喜欢读文学作品，上大学时我念的是历史专业，所以主要读历史、美学等社会科学的著作，读硕士的时候我集中读了一些教育学和心理学的书，读博士的时候主要读哲学类图书，从事管理工作后集中读过管理学方面的书。

历史著作给了我思考问题时的历史观，让我能够从更大的时空尺度看问题，能够更好地理解过去、现在和未来。其实古人离我们并不远，因为人性的本质几千年来没有太大的改变或进步。人类过去所犯的错误，今天仍然在重复。正如德国哲学家黑格尔（G.W.F. Hegel）所说，人类从历史中学到的唯一的教训，就是没有从历史中吸取任何教训。也就是说，其实人们并没有真正以史为鉴。

我读教育经典后发现，教育源自哲学，或者说研究教育必须从哲学入手。培养什么样的人？如何培养人？什么知识最有价值？这些教育的根本问题本质上包括哲学问题。历史上的教育家大多也是哲学家，比如孔子、柏拉图、卢梭、杜威等。所以教育工作者要学习哲学，但这个哲学是广义的，它不仅包括教育哲学，还包括每一门学科最上位的哲学，即讨论具体学科价值观和方法论的学问。

我读教学类经典著作后发现，教学论源自心理学，研究教学必须从心理学入手。学习如何发生？儿童如何学习？知识应当以何种方式教给儿童？这些教学问题其实也是认知心理学的问题。如果不研究心理学，就无法研究教学。

我读管理类图书后发现，管理源自人性。研究管理必须从人性入手，不同的人性观决定着不同的管理观。我比较认同德鲁克，他认为管理本质上是要激发人性中的善意。管理如何最大限度地激发人性中的善意？

如何调动人的主动性、积极性和创造性？这是管理的奥秘，也是人性的奥秘所在。

我在不同时期的阅读重点有所不同，不同领域的阅读给了我多方面的滋养和启迪，让我获益良多。

《新课程评论》：爱读书的人不少，如您一般有如此广度与深度的却不多。您如何在阅读上实现质的提升？这其中，最难又最需突破的是什么？您是如何做的？

汪正贵：读书需要方法。要想在阅读的深度和广度上实现质的提升，关键是要阅读经典。特别是在这样一个碎片化的快餐文化时代，我们更加需要摒弃碎片化的阅读，研读经典。

陈寅恪先生年轻时去见历史学家夏曾佑先生，夏先生对他说："你能读外国书，很好；我只能读中国书，都读完了，没得读了。"陈寅恪先生当时很惊讶，以为夏曾佑先生老糊涂了。等到自己也老了时，他才觉得夏曾佑先生的话有点儿道理。

其实，真正的国学经典委实不多。即便是全世界的经典，数量也不多，每个学科领域的经典著作也就几十种而已。

如果你不读经典，只读那些快餐书，读得再多好像也没有太大的用处。市面上的书具有原创价值的不多，大多不需要从头读到尾，因为它可能是从经典演绎出来的，你把最具亮点的创新之处抓住就可以了。

经典必须要精读，我们需要认真研读，甚至是反复读。

我读经典的办法比较笨，可能是受历史学方法训练的影响，我习惯于按照时间序列，从过去到现在，将某一领域的经典找来一本一本地读。这是纵向阅读经典，这样做的优点是便于捋清某一领域内知识的来龙去脉。

另外一种读书的方法是选择某一个专题，然后搜寻若干本相关的经典，进行比照研读。这是横向阅读经典的方法，这样做的优点是便于在一定的阅读宽度参照下，进行深度比较。

作为教育工作者，我们除了要进行本学科的专业阅读以外，还要努力增加阅读宽度。读书应当成为我们的生活方式，甚至是生存方式。有人说，一个人的精神成长史就是他的阅读史。我非常赞同这句话。不读书，我们的精神生命不可能丰盈。我也赞成下面这个观点：一群不读书的教师领着孩子们读书，是当下教育的隐忧之一。

《新课程评论》： 读您的作品，我可以感受到一种浓厚的思辨性与鲜活的实践气息，这应与您读书有关。您如何理解读书与实践的关系？

汪正贵： 如果能将读书所得付诸实践，就会产生价值，所谓学思结合，学以致用。有的人一辈子皓首穷经，死读书，读死书，而终无所得。因为他只有输入，没有输出。

读书与实践之间需要两个桥梁：一是读书时的内化，二是实践后的反思。

读书要内化，变成自己的东西才能应用于实践，我们不能机械地把别人的东西用于实践。古人说的"读书得间"就是指内化的过程。所谓"得间"，即能读出书中字里行间的意味，从书缝中读出真理，不囿于文字本身。

《六祖坛经》中有关于"指月"的记载。六祖惠能不识字，他说真理是与文字无关的，真理好像天上的明月，而文字只是指月的手指，手指可以指出明月的所在，但手指并不就是明月，看月也不一定必须通过手指。人们往往看见了文字，却看不见真理，恰恰是文字遮蔽了真理的原初本义。

这说的也是"读书得间"的道理。我们可以通过手指看月亮，但如果我们只看向手指，以为看到的就是月亮，就不是"得间"，而是"隔"了。

德国哲学家卡尔·雅斯贝尔斯（Karl Jaspers）也说过同样的话："这

就像我隔着一块混浊的玻璃所看到的景色一样，尽管我能看见外面的景色，但当我盯着这块玻璃自身时，却什么也不存在了。"①

读书也是这样，如果我们不能透过文字领悟背后隐藏的真理的意蕴，那么读再多的书，也是无意义的。所以只有内化和感悟的东西才是自己的，我们有了这些东西才能付诸实践。

然而，实践总是具有复杂性、情境性的特点，实践具有自己的逻辑，我们在实践中运用观念性和工具性的知识时一定会遇到新的问题，这恰恰是实践的价值所在。所以，我们需要对实践中的问题进行反思，没有反思就没有提升。反思以后再读书，再实践，再反思，这就构成了一个螺旋上升的链条。在这个链条中，最重要的是读书时的内化和实践后的反思，缺少了这两个环节，我们就很难做到学以致用。

《新课程评论》：有人说，真正的好书是有生命气息的。听完您的分享，我理解这种生命气息只有与阅读者的生活、生命相呼应、相往来、相交融才能被唤醒、生发、流转，成为阅读者精神生命的重要构成。我想，您的案头一定有很多好书。请问您的案头书有哪些？能与我们分享一下您与它们之间的故事吗？

汪正贵：我愿意推荐几本我案头的经典作品。

第一本是李泽厚先生的《美的历程》。我念大学三年级的时候，教明史的老师推荐我们读《美的历程》。暑假，我从图书馆借来《美的历程》，这是我第一次读李泽厚先生的书，我对他华美的文字佩服有加；书中描述的中国传统文化的文学艺术之美，让我震撼而沉醉。对我而言，阅读本书是一次美的启蒙与洗礼。书中精美的插图、优美的文字，甜糯浓酽，正好符合20世纪80年代文化饥渴的青年之心怀。

---

① 雅斯贝尔斯. 什么是教育[M]. 邹进, 译. 北京：生活·读书·新知三联书店，1991：119.

如前所述，我当时想将从图书馆借来的此书据为己有，准备谎称书被弄丢了，结果被告知，要支付数倍于书价的罚金，遂作罢。彼时正值暑假，我留在学校护校，终日无事，便用了几天时间，几乎将书中内容抄了下来。

前几年，我在书店遇见《美的历程》的增订本，毫不犹豫地买下来。增订本的装帧设计非常考究，使用铜版纸印刷，整本书的厚度几乎是原版的一倍。但书的内容没变，我好像也无甚兴味再读。而且我现在这个年龄再读此书，会觉得此书对中国传统文化的美誉过多，批判不足。但这本书仍不失为中国传统文学艺术概览的启蒙书。此书成于20世纪70年代，但全无那个特殊年代的话语方式，这一点尤为难得。

在青岛中学每周一次的"校长有约"活动中，我照例会让每个学生选一本自己喜欢的书，我会把他们选的书送给他们。令我特别惊喜的是，有很多学生选择的正是《美的历程》。李泽厚先生的书不仅影响了20世纪80年代的青年，还跨越了世纪，给新生代的学生以滋养和启蒙。这就是经典的魅力。

第二本是司马迁的《史记》。我在中学学过《史记》中的文章，那个时候是把它当作文学作品来读；我大学学的是历史专业，自然要读史家经典，《史记》被誉为"史家之绝唱，无韵之离骚"，治史之人必读。《史记·货殖列传》中有这样的文字："天下熙熙，皆为利来；天下攘攘，皆为利往。""是故江淮以南，无冻饿之人，亦无千金之家。"这些文字简洁、准确、平实，值得我们咀嚼和玩味。

后来我参加工作，渐有年岁，所见人事纷扰，心情不爽之时，为消解胸中块垒，重又读起《史记》。真所谓"少年读诗，年长读史"。再读之后，我惊讶于人性之复杂，贪婪、虚妄、奸诈、脆弱等人性的弱点几千年来几乎毫无改观，人性的善恶之战、真假之争不断在历史的舞台上上演。

中年时再读《史记》，我读出了诸多人生的况味。表面看上去它写的是历史，其实写的是人，是对人的一种关怀。中年读史，我把自己也代入了进去，对几千年前的事有了更深的同情和理解。《史记》像一段老菜根，细嚼之下，泛出一股苦味，却也苦得真实，苦得让人心绪渐安，消除了心中的浮躁之气。

第三本是美国学者迈克尔·桑德尔（Michael Sandel）的《公正：何谓正当之为？》。桑德尔是美国哈佛大学教授，也是著名的政治学家和作家。10年前我购得此书，读后便难以放下。这本书用现实中的各种事例诠释何为"公正"。这样深入浅出、带着生活气息文风的伦理学著作是十分难得的。书中有很多似是而非的两难案例，作者结合亚里士多德（Aristotle）、伊曼努尔·康德（Immanuel Kant）、约翰·罗尔斯（John Rawls）等人的伦理观，对这些案例进行分析及深度阐释，让人豁然开朗。公正是一个永恒的哲学问题和伦理学问题，也是现实生活中的问题。它之所以永恒，是因为它可能永远没有正确答案，所以能激起人们无限的追问，同时又因为似乎没有正确答案，有时不免让人产生一丝无奈和惆怅。在技术发展越来越快的今天，人们越来越需要关注伦理问题。在人工智能时代，伦理学应当成为一门显学。教育伦理、环境伦理、医学伦理、管理伦理甚至技术伦理等，都应当是这个时代格外需要关注的话题。

第四本是李希贵校长的《学校制度改进》。就我目前的阅读所及，我觉得还没有人把学校制度说得这么透彻。全书从人性的善意出发，建构行为类型的制度模型，归纳演绎，推理阐释，层层递进。全书犹如剥笋，逐步深入，逼近核心；亦如破竹，打通关节，直击本质，让人豁然开朗。时而点到为止，用力很轻，有四两拨千斤的力量；时而话说七分，却又余味无穷。既有理论模型，简洁而有逻辑；又有丰富的实践案例，真实而贴切。直击问题，干货满满，非常接地气。这本书不仅对学校管理有直接的指导意义，对公共管理同样极具启示意义。

遇见经典

> 教育经典具有穿越时空的永恒魅力。

所谓经典，是指那些不因时光的变迁而减损价值的著作。从柏拉图的《理想国》到孔子的《论语》，从卢梭的《爱弥儿》到苏霍姆林斯基的《把整个心灵献给孩子》，在人类的教育史中，这样的经典不胜枚举。教育经典也给我以启迪和滋养。现特选荐我阅读的若干本教育经典，略记自己的阅读心得。

一、杜威的《民主主义与教育》

> 我相信教育是社会进步和变革的基本方法。
>
> ——杜威

说到世界教育史，无论如何绕不开的一个人就是杜威。甚至我们可以说杜威是教育史上的一个转折性人物，他承前启后，既是传统教育的传承者与改造者，也是新教育的开启者。他承继了自卢梭以来的儿童中心的思想，并以此作为开启现代教育的旗帜："这是一种变革，这是一种革命，这是和哥白尼把天文学的中心从地球转到太阳一样的那种革命。这里，儿童变成了太阳，而教育的一切措施则围绕着他们转动，儿童是中心，教育的措施便围绕他们而组织起来。"①

儿童中心论并不是杜威的首创，但是他系统地阐述了儿童中心的教育思想，为现代教育扛起了一面大旗，成为美国进步主义教育改革的先驱。他的教育思想对美国以及全球的现代教育产生了重大而深远的影响。

杜威是美国著名的哲学家、教育家，是实用主义的集大成者。我们读他的作品，与其说是在读教育著作，不如说是在读哲学著作。他的书读起来比较枯燥，我们需要细嚼慢咽，但细细品味，会有很多启迪。《民主主义与教育》和《我的教育信条》是他的两本代表性教育著作。在这些著作中，杜威批判了传统的学校教育，并就教育本质提出了他的基本观点："教育即生活"和"学校即社会"。

杜威的教育思想曾对 20 世纪上半叶的中国教育界、思想界产生过重大影响。胡适、陶行知、郭秉文、张伯苓、蒋梦麟等曾经在美国哥伦比亚大学留学，是杜威的学生。

1919 年，杜威应邀来到中国，先后在北京、南京、上海等地讲学，由胡适、陶行知等弟子担任讲学的翻译，把民主与科学的思想直接播种在了中国。

一百多年过去了，杜威的教育思想对于当代中国教育改革仍有很强的现实指导意义。

二、苏霍姆林斯基的《给教师的建议》

> 我深信，只有能够激发学生去进行自我教育的教育，才是真正的教育。
>
> ——苏霍姆林斯基

---

① 杜威.我们怎样思维·经验与教育[M].姜文闵，译.北京：人民教育出版社，2005：11.

苏霍姆林斯基的著作与杜威的著作形成鲜明对比。杜威的著作是理性的、哲学的,偏重于理论;苏霍姆林斯基的著作是感性的、经验的,偏重于实践。

读杜威的教育著作,恰如理性的探险和智慧的启迪,望之俨然;读苏霍姆林斯基的著作,恰如精神的洗礼和情感的熏陶,即之也温,充满着教育的温度。读他的作品时,充沛而真挚的情感扑面而来。他对教育的热爱、对儿童的热爱,令人感动;他的教育情怀,让人激赏。他将所有的心血和爱,都倾注在教育、学校和学生身上。读他的作品,可以让我们得到精神上的滋养。

教育工作者如果不读苏霍姆林斯基的作品,将会有无法弥补的缺憾。特别是对职初教师来说,他的作品是非常好的教育启蒙。他教给我们正确的学生观和教育观。《给教师的建议》是所有从事教育的人的必读书。

苏霍姆林斯基著述颇丰,他在短暂的52年的生命中,写下了41本教育专著、600多篇教育论文和1200多篇童话、故事和短篇小说,数量之多令人觉得不可思议。他被人们称为"教育思想泰斗"。他的书被称为"活的教育学和学校生活的百科全书"。他从教育实践出发,并将它提升到理性的高度,逐步形成自己较为完整的教育思想体系。正如他所说:"实践之所以是理论的取之不竭的源泉,正是因为在实践里才能展示理论的全部的多方面性。"[1] 作为一位伟大的教育家,他给后人的最大启示是,真正的教育家是教育理论和教育实践的完美结合。

---

[1] 苏霍姆林斯基.给教师的建议[M].杜殿坤,编译.北京:教育科学出版社,1984:285.

三、陶行知的《中国教育的觉醒》

> 我们深信教育是国家万年根本大计。……我们深信如果全国教师对于儿童教育都有"鞠躬尽瘁,死而后已"的决心,必能为我们民族创造一个伟大的新生命。
>
> ——陶行知

如果要在中国寻找一位杜威、苏霍姆林斯基式的近现代教育家,非陶行知先生莫属了。陶行知是杜威的弟子,继承了杜威的教育改造社会的思想。但我却觉得,他对教育的热爱以及他的教育情怀,更像苏霍姆林斯基。

陶行知先生极富创造力,既不因循守旧,也不崇洋媚外。也正因为他具有不迷信、不盲从的科学精神与追求真理的勇气,才能够颠覆他的老师的学说。王阳明说"知者行之始,行者知之成";他偏要翻过来说"行是知之始,知是行之成",并由"知行"改名"行知"。杜威说,"教育即生活,学校即社会";他偏要倒过来说,"生活即教育,社会即学校"。真的是"吾爱吾师,吾更爱真理"。1928年,杜威曾说:"陶行知是我的学生,但比我高过千倍。"

我们甚至可以说,陶行知的教育思想是后现代的。他的教育思想起点很高,仿佛天外来客,纯粹、高尚、无半点儿杂质,丝毫没有那个时代的污染,如一颗颗晶莹的明珠,在经历了时代的淘洗与沉淀后,至今仍熠熠生辉。真正的教育家的思想一定是穿越时空的,如卢梭、杜威、苏霍姆林斯基、蒙台梭利等,无不如是。

陶行知去世的时候,他的老师杜威与威廉·H.克伯屈(William H. Kilpatrick)联名发了一个电唁,电文中写道:"我们为陶行知而感到无比光荣,因为他为了更好的教育做出了常人无法想象的、英雄般的牺牲。我们仍活着的人们必须永远记住他及他的伟业。"

我们今天重读陶行知,既可以承续杜威以来的现代教育思想,又可以重拾苏霍姆林斯基以来失落的教育情怀。

四、卢梭的《爱弥儿》

> 人生而自由，却无往不在枷锁之中。
>
> ——卢梭

卢梭认为，他一生中最重要的著作是小说体教育名著《爱弥儿》。康德一生严谨守时，唯一一次打破刻板的作息时间表，就是因为读《爱弥儿》。

有人说过这样的话：只要柏拉图的《理想国》和卢梭的《爱弥儿》留存于世，纵使其他教育著作尽被焚毁，教育园地依然馥郁芬芳。虽然言之过甚，但也表明卢梭和他的《爱弥儿》在世界教育史上的地位。

《爱弥儿》是一部教育小说。在书中，作者通过他杜撰的富家孤儿——爱弥儿，以及爱弥儿的妻子苏菲，论述了他的自然教育思想。这本小说显然不像传统意义上的小说那样充满吸引人的故事情节，好在我读的彭正梅老师的译本文字干净、流畅，给我带来了不一样的体验。

文艺复兴重新发现了人，重新肯定了人的价值。卢梭则重新发现了儿童，肯定了童年的内在价值。这在教育史上是一种哥白尼式的发现，影响了"以儿童为中心"的欧洲新教育运动和美国的进步主义教育运动。

童年不是被发明的，而是被发现的。童年是一种社会存在，而不是一种主观的社会建构的概念。卢梭的贡献是发现了儿童，指出了它的存在，肯定了它的价值。"每一个年龄，人生的每一阶段，都有它自身的完美，都有它特有的成熟状态。"[①] 童年不是成人的准备，童年是自足的，童年有它固有的价值。

卢梭的教育思想停留在空想的阶段，他并没有付诸实践，而是将自

---

① 卢梭.爱弥儿[M].彭正梅，译.上海：上海人民出版社，2011：75.

己的几个孩子都送到了育婴堂，以致落下教育乌托邦的口实。但他的自由教育、自然教育、对儿童的发现等，充满着教育的浪漫主义和理想主义色彩，为教育思想史做出了极大贡献，千百年后，依然熠熠生辉；尤其在教育的功利主义和蒙昧主义充斥的今天，对于我们重新发现儿童、解放儿童，仍旧有极大的意义。

五、洛克的《教育漫话》

> 教育上的错误比别的错误更不可轻犯。在教育上犯错正和错配了药一样，第一次弄错了，绝不能借第二次第三次去补救，它们的影响是终身洗刷不掉的。
>
> ——洛克

约翰·洛克（John Locke）和卢梭、杜威一样，既是教育家，又是哲学家和思想家。他在哲学、政治、教育、自然科学（化学、气象）、医学等领域均有所涉猎和建树，符合百科全书时代的思想家博学多识的共同特征。时代愈发展，学问愈走向细分，后来的教育家中较少有这般百科全书式的人物。

这也可以说明另一个问题，即为什么在我们这个时代，越来越难以出现大哲学家、大思想家，原因之一是学问逐渐从综合走向细分。与自然科学不同，哲学家、教育家和思想家一定不是单一学科的产物。

洛克1632年出生，活了72岁，在他那个时代，算是高寿。我臆测一下，这也许与他注重体育与健康有关吧。他于1693年出版了《教育漫话》，这本书集中阐述了他的教育思想。这一年洛克61岁，应该是智慧与学问成熟的时期。

这一年英国刚刚完成了"光荣革命"，建立了君主立宪制政体，恩格斯称洛克是"1688年阶级妥协的产儿"。

这一年是中国的康熙三十二年，正是封建王朝的康乾盛世。这一年，郑板桥出生。此时的中国在世界上的声望还是很高的，洛克在书中大约有两次提到中国，对中华文化极为尊敬。但是在繁华的盛世景象中，中国与西方在近代的差距此时已埋下种子。

洛克在 17 世纪就提出做德智体全面发展的教育，委实难得。苏霍姆林斯基也以全面发展的教育思想而名垂于世，但他已是 20 世纪的人了，比洛克晚了两百多年。

洛克对于德、智、体的排序也有过人之处，他将体育排在首位，其次才是德行，最后是智慧。《教育漫话》开篇的第一句话是"健康之精神寓于健康之身体"。他不仅将健康摆在第一位，而且提出身体健康与精神健康并重的理念。

洛克将智慧放在体育和德行之后。他还认为，一切的重大责任是德行与智慧。德行和智慧比学问更重要。一个人学问的不足可以用德行来弥补，但德行的缺陷不可以用学问来弥补。

《教育漫话》原本是洛克写给他的朋友的信札。整本书娓娓道来，文风简洁，亲切而自然，像是与朋友的炉边谈话。这一点与《爱弥儿》相似，卢梭原本是要给一位母亲写信，后来刹不住车，写成一本书了。

六、福禄培尔的《人的教育》

> 使人，即少年期孩子变坏的大多是别人，是成年人，往往是教育者自己，这确是一条深刻的教训。
>
> ——福禄培尔

福禄培尔是 19 世纪上半叶德国著名的教育家，近代学前教育的奠基人。他于 1837 年创立了一种新型的学前教育机构，并取名为"幼儿园"，这被视作幼儿教育的开端。"幼儿园"这一名称的关键在于"园"（garden），其隐喻是幼儿幸福成长和游戏的花园。教师是园丁，幼儿是花草树木，幼儿在同大自然的亲密接触中成长起来，幼儿园是幼儿幸福的乐园。现在我们部分幼儿园有小学化的倾向，已经违背了福禄培尔的初衷，将让幼儿像花朵般绽放天性的乐园，变成了让幼儿识字算数的学园。

福禄培尔是一个博学之人，早年对数学和自然科学极为迷恋，后来转向哲学、人类学、历史学、方法论等学科的修习，并且跨越自然学科、人文与社会学科，深入研究自然哲学。文理兼通的广博知识与学养，为他后来的教育理论研究提供了深厚的基础。他的自然哲学理论带有较为浓厚的宗教色彩，有神秘主义和唯心主义的倾向与意味，并且深刻地影响其教育思想，令其教育价值大打折扣。但是他对儿童的爱，对教育的献身精神，使其教育理论与实践闪耀着永久的光辉。

在《人的教育》这本书中，福禄培尔强调教育的目的和生活的目的归结起来就是自由和自主。"这自由和自决便是全部教育和全部生活的目的和追求，也是人的唯一的命运。"[①]

"在良好的教育、地道的教学和正确的训练中，必须和应当由必然唤起自由，法则唤起自决。"[②] 一切以规定的方式表现出来的东西必须顺应学生的本性和需要。

自由和自主对于儿童来说是多么珍贵，卢梭和杜威对此都有论及。与之相关的还有自然和自律。自然才能自由，自由才能自主，自主才能自律。现今的学校教育，仍然充斥着过度的外在控制、规训与束缚。压制只能产生奴性和盲从，而一旦外在的控制减弱或悬置，则人们又会因为缺乏自律而失去控制。

七、蒙台梭利的《童年的秘密》

> 让儿童当我们的教师，因为在儿童身上隐藏着我们人性的秘密。
>
> ——蒙台梭利

---

①② 福禄培尔.人的教育[M].孙祖复，译.北京：人民教育出版社，2001:11, 13.

蒙台梭利是世界著名儿童教育家。她在她的《童年的秘密》这本书中，一开头就提出了这样一个严肃的警示：成人应该成为儿童的被告。

"那些曾被认为是全人类守护者和乐善好施的人们却应当受到控告，他们应该成为'被告'。这些人是儿童的父亲和母亲，很多人是教师和儿童的监护人，因此，受到控告的可以认为是成人，也就是对儿童负有责任的整个社会。"[1]

这样的警告石破天惊，振聋发聩。

儿童的成长过程，是发现自己、寻找自己、最后成为自己的过程。"儿童是一个发现者，他好像一个从混沌星云中诞生的人，一个尚不确定，但却是光辉的人，他正在寻找自己的原型。"[2] 在这个发现、寻找和成长的过程中，儿童需要自然、自由和自主。但是成人往往以爱和保护的名义，让儿童"被成长"。

蒙台梭利认为，成人要按照儿童的逻辑而不是自己的逻辑来对待儿童。父母不是儿童的建设者，而是守护者。蝴蝶不会急着撕破幼虫的茧，让幼虫飞翔；青蛙不会把蝌蚪拉出水面，急切地让它褪去灰色，换上绿色的衣裳。可是，儿童的父母却只想着让儿童尽快拿到社会通行证。

"成人没有意识到，他们在用无益的帮助和暗示吹动儿童的心灵之灯，并最终把它熄灭。"[3]

在人类教育史上，卢梭第一次发现了儿童，肯定了儿童的内在价值，蒙台梭利重新发现了儿童，进一步提出"儿童是成人之父"，掀起了一场儿童教育的革命。她从生理与心理层面出发，以社会学和教育学的视角，揭示了童年的秘密，提出以儿童为中心的教育观，并付诸教育实践。我们今天读《童年的秘密》，一点儿也不会觉得过时，这是教育工作者和年轻父母都应该细读的一本教育著作。

---

[1][2][3] 蒙台梭利.童年的秘密[M].梁海涛，译.上海：上海人民出版社，2012: 9, 101, 177.

八、斯宾塞的《斯宾塞教育论著选》

> 什么知识最有价值？这是一切教育问题中的重要问题。
>
> ——斯宾塞

斯宾塞是又一个百科全书式的人物。他试图根据进化论构建庞大的综合哲学体系。他以一己之力，耗费四十余年时间撰写了《综合哲学》这部巨著，内容包括"第一原理""生物学原理""心理学原理""社会学原理""伦理学原理"等，从低级的生物学，到高级的伦理学，他企图以无机的、有机的、超有机的进化概念为中心，统一一切科学，建立一个庞大的思想体系，并因此被人称为"第二个牛顿"。

"只有真正的哲学家才能进行真正的教育。"[①]斯宾塞的《教育论》同样被认为是继卢梭和洛克之后最深刻和最伟大的教育著作。他终生未婚，自然没有子嗣，但这并不妨碍他对儿童和教育的哲学思考。特别是他关于"什么知识最有价值"的思考以及对快乐教育的倡导，对近代欧美教育具有变革性、先导性的理论意义。

斯宾塞在书中提出了一个非常重要的问题："什么知识最有价值？这是一切教育问题中的重要问题。"[②]人们衡量知识的价值，主要是看知识对人的生活有哪些价值。人的生活可以分为生理的（保全自己）、教育的（教育下一代）、社会的、文化的（个人闲暇生活）活动等。知识的价值既可分为内在价值、半内在价值及习俗价值，也可以分为作为知识的价值及作为训练的价值。

在斯宾塞看来，科学知识最有价值。这和古典时期的教育思想已经不同，这与工业革命以后科学技术对社会经济发展的影响有关。"科学是个家庭苦工，默默无闻地隐藏着一些未被公认的美德。一切工作都归到

[①②] 斯宾塞.斯宾塞教育论著选[M].胡毅，王承绪，译.北京：人民教育出版社，2005: 58, 11.

她身上，一切便利和满足都是由于她的技能、智慧和忠诚而获得；而在不断尽力为他人服务时，她总被压在后面，使她的高傲的姊妹能向外界卖弄她们的漂亮。"[1] 科学是根茎，文学与艺术是文化生活中的花朵，我们不能为了花朵而忽略根茎。

什么知识最有价值？当下的教育者也需要重新追问。斯宾塞一百多年前的诘问，至今尚未有明确的答案。

九、怀特海的《教育的目的》

> 教育只有一个主题，那就是多姿多彩的生活。
>
> ——怀特海

怀特海生于 19 世纪 60 年代，是英国著名哲学家、数学家和教育理论家。罗素早年曾向他问学，后来二人成为朋友和同事，并合著《数学原理》。怀特海晚年时离开英国，受聘于美国的高校。1929 年，他完成《教育的目的》一书。他在 1947 年去世，享年 86 岁。

怀特海认为，教育对于一个国家或者一个民族来说，是具有长远意义的战略性事业。他批评道："历史学家们将为英国写下这样的墓志铭：英帝国的衰亡是由于其统治阶级精神上缺乏远见，由于他们单调的功利主义倾向，以及他们像法利赛人一样沉溺于渺小的治国之术造成的。"[2]

"当一个人全面考虑教育对一个国家民族的年轻一代是如何重要的问题时，对那种处理教育问题时轻浮、迟钝的态度所造成的破碎的生活、受挫的希望、民族的失败，真是让人难抑心头强烈的愤慨。"[3] 时间虽

---

[1] 斯宾塞. 斯宾塞教育论著选 [M]. 胡毅，王承绪，译. 北京：人民教育出版社，2005：45—46.

[2][3] 怀特海. 教育的目的 [M]. 庄莲平，王立中，译注. 上海：文汇出版社，2012：54，19.

已过去一百多年，但我们今天再读，愤慨之情仍然常从心头升起，难以平复。

怀特海认为，"教育改革的第一要务是，学校必须作为一个独立的单位，必须有自己的经过批准的课程，这些课程应该根据学校自身的需要由其自己的老师开发出来。如果我们不能确保这一点，那么我们就很容易从一种形式主义走向另一种形式主义，从一堆无用呆滞的思想走向另一堆无用呆滞的思想。"[①] 这对于我们今天的教育改革，仍然具有现实意义。

《教育的目的》篇幅不长，对于教育的目的和教育的节奏有着独特的论述。

十、雅斯贝尔斯的《什么是教育》

> 教育，不能没有虔敬之心，否则最多只是一种劝学的态度，对终极价值和绝对真理的虔敬是一切教育的本质。
> ——雅斯贝尔斯

雅斯贝尔斯生于 1883 年，是德国著名的存在主义哲学家。德国是一个盛产哲学家的国度，这可能与他们重理论、重系统思考及严谨的思维风格有关。

中国教育界经常引用据说是雅斯贝尔斯说的一句话："教育是一棵树摇动另一棵树，一朵云推动另一朵云，一个灵魂唤醒另一个灵魂。"我读遍全书，没有找到这句话。后来得知，这是有人附会的，后来竟以讹传讹，信之者众。

雅斯贝尔斯认为，教育对于个体的意义在于："人不只是经由生物

---

① 怀特海. 教育的目的 [M]. 庄莲平，王立中，译注. 上海：文汇出版社，2012: 18.

遗传，更主要是通过历史的传承而成其为人。"① 历史的传承就是教育。"教育借助于个人的存在将个体带入全体之中。个人进入世界而不是固守着自己的一隅之地，因此他狭小的存在被万物注入了新的生气。如果人与一个更明朗、更充实的世界合为一体，人就能够真正成为他自己。"②

雅斯贝尔斯认为，教育对于民族的意义在于："一个民族的将来如何，全在于父母教育、学校教育和自我教育。一个民族如何培养教师、尊重教师，以及在何种氛围下按照何种价值标准和自明性生活，这些决定了一个民族的命运。"③

教育对于国家的意义在于："我们的道德、政治和精神的未来，以及历史上作为民族存在的价值，则掌握在我们自己的手中。因此国家所能做的一切，以及将来仍然具有政治意义的事，还是教育。"④ "对于德国民族的未来来说，教育比军队更为重要，因为不成功的教育管理所带来的灾难性后果，一直要影响几十年。"⑤

雅斯贝尔斯早年学医出身，40岁转而投身哲学，遂成大名。哲学家论教育，自然是另一种风格。《什么是教育》一书充满着哲学术语。我读的时候不知道他是在谈教育，还是在谈哲学，很多时候甚至不知所云。但是细品这本书之后，发现它有相当的余味，值得深思。

---

①②③④⑤ 雅斯贝尔斯.什么是教育[M].邹进,译.北京：生活·读书·新知三联书店，1991: 53, 54, 54, 66, 143.

如何提炼你的教育思想

> 长远而言,是观念,因而也正是传播新观念的人,主宰着历史发展的进程。
>
> ——弗里德里希·冯·哈耶克

一、我们有教育思想吗

二十多年前,我在华东师范大学教育部中学校长培训中心学习,老师给我们的学习任务之一,就是要求我们提炼自己的教育思想。当时我很困惑,我们这些基层校长怎么会有教育思想?老师说,教育思想是指人们对教育活动的系统性认识,每个人都有自己的教育思想,不能狭隘地理解它。

教育思想其实就是我们对教育的看法、想法、做法的总和。每一个教育工作者,都可以有自己的教育思想。"看法"是我们对教育的基本观点;"想法"是在理想状态下我们认为好的教育应该是什么样子,它是教育的应然状态;"做法"是我们在实践中的行为,它是教育的实然状态。将看法、想法、做法的总和提炼出来,就是教育思想。

教育思想具有多样性的特点。教育理论、教育流派、教育思潮等,都是教育思想。有的是鸿篇巨制,有的则述而不作,有的偏重于理论性的建构,有的则是实践性的总结。

无论是偏重于理论，还是偏重于实践，本身没有高下之分。比如，大学教授的教育思想可能偏重于宏观，更具理论性；一线教育工作者的教育思想可能更具体，更微观，更具实践性。很多教育思想家的教育思想是以理论形式呈现的，具有理论高度，也比较系统。比如，卢梭的教育思想体现在他的小说《爱弥儿》当中，但他自己的几个孩子都被送到了育婴堂，他并没有自己去教育孩子，换句话说，他并没有把他的教育思想付诸实践，所以他的教育思想主要停留在理论的层面上。杜威的教育思想基本上是基于哲学的思考，因为他本人是一个哲学家，他的思想也是偏重于理论性的建构。布鲁纳、皮亚杰等人的教育思想主要基于心理学的理论研究成果。

也有很多教育家的思想是基于实践的。比如，苏霍姆林斯基的教育思想从实践中来，特别接地气，也特别有价值。陶行知先生也是实践派，虽然他是杜威的学生，但他与老师不同，杜威的思想主要是理论上的阐述，陶行知先生继承了老师的教育思想，并付诸实践。李希贵校长也是实践派，读他的书和文章，你会深深感受到他的教育思想是他在实践中提炼出来的智慧。

什么是好教育？教育如何培养人？这些问题都值得我们去思考，教育思想就是要回答这些问题。作为一线的校长，我们应该很自信，我们也有自己的教育思想，而且，我们的教育思想是基于教育实践和教育经验而形成的关于教育的认识，它有着实践的光辉，充满着实践智慧。

二、教育思想的核心是什么

教育思想的核心是价值观和方法论，也就是培养什么人、怎样培养人的问题。

价值观是我们对教育的信念，即我们相信什么，珍视什么，倡导什么。青岛中学制订的行动纲要表达了学校的价值观及理念，即我们的价值追求。我为行动纲要写了一个序言，提出了十条教育信念，这也是我对教育的基本理解和信仰。

教育价值观是教育思想的核心，是指引我们行为的指南。在价值观和行为中间还有一个东西是非常重要的，那就是方法论。方法论是在价值观指导下的原则、策略、方法、工具的总和。我们在提炼教育思想的时候，除了价值观之外还要重视方法论。

青岛中学有十条基本的教育价值观，同时我们还提炼了若干原则：个别化教育、全员育人、从教走向学、扁平化、分布式、自由自律自主等。由这些原则可以生发出来很多具体的方法、策略与工具，这些原则、具体的方法、策略和工具的总和就是方法论。比如，个别化是我们的一个教育原则，我们认为，只有关注每一个学生个体的成长，才是真正的面向全体。在个别化原则指导下，我们从关注每一类，到关注每一个。在具体操作层面，我们实行一人一课表，可以为一个学生开课，为每一个学生成立"成长责任中心"，对学生进行个别化援助，建立一对一的学生家长微信群，开设一百多门分层分类的课程以满足不同学生的多样化需求……我们为了学生的个性化成长竭尽全力，将个别化进行到底。

教育思想就是价值观与方法论的总和，也就是关于教育的看法与做法的总和。那么，我们的价值观和方法论是从哪里来的呢？

我认为，我们的教育观来自教育哲学，也就是我们对教育的基本看法。什么是好的教育？我们该办什么样的教育？培养什么人？怎样培养人？这些问题本质上是教育哲学问题。比如，卢梭的教育思想是要培养自由的人，培养人的自由，让人从自然自由走向社会自由，再到内在的道德自由；杜威的教育思想是培育民主社会；罗素的教育思想是要建设人的美好生活；陶行知先生相信教育可以救国，所以他投身师范教育和乡村教育，希望通过教育来救国。所以，每个人的教育观念的背后都是一种教育哲学。

我们的学生观来自教育观和儿童观。比如，学生是成长中的人，是会犯错误的人，犯错是学生的成长方式。有了这样的学生观，我们的教育方法就会不一样。卢梭认为儿童期是一个具有内在价值的独立阶段，这样的儿童观告诉我们要尊重儿童的想法和人格，平等地对待儿童。

我们的教学观更多地来自心理学和认识论。儿童是怎样学习的？学习是怎么发生的？20世纪之前，人们认为知识是可以灌输的，所以教学更多采用了一种以教为主的灌输方式。后来的建构主义以及认知心理学认为，知识是人对新知识、新经验的一种主动的自我建构，知识是不能被简单灌输的。根据这样的认识论，我们提倡启发式的教学，从注重教走向注重学。这些教学观的背后是心理学发展成果给我们带来的认识上的转变。

我们的管理观来自人性观。我们的管理是崇尚民主还是控制？是层级制还是扁平化？管理观和人性观是相关的。如果我们认为人的天性是好逸恶劳，需要管控和制约，那就可能采取管控的方式；如果我们相信人的本质是向上、向善的，可以被激励，则可能更多地采取激励的管理方法。所以，一个人的管理观一定是来源于他的人性观，只不过我们平时并不能够有意识地明确知道自己的人性观，或者说我们没有挖掘我们管理观背后的人性观。

方法论是从哪里来的？我觉得好的方法论，一定和价值观相一致。教育原则、方法、策略和工具来源于特定的教育价值观。我们是用价值观来指导方法论，用方法论来指导我们的行为。这样我们的方法论就和我们的价值观紧密地联系起来。

三、如何提炼教育思想

教育思想就是我们对教育的看法、做法、想法。要想提炼教育思想，首先要提炼我们对教育的看法，也就是提炼价值观。我们可以通过定向阅读和研究，在重要的价值维度上厘清一些模糊的认知，再基于客观与科学的逻辑以及一线教育场景的叙述，梳理和表达自己的价值观和洞见。

其次是总结我们的做法，也就是提炼方法论。厘清价值观背后的原则、策略、方法和工具，对于一线教育工作者来说非常有价值。但是我们要避免碎片化、表面化的实践经验总结，而要通过反思和提炼，上升到原则、策略、方法和工具的层面。

最后是总结我们的想法。有些事我们做了，但做得不够好；或者没有来得及做，没有条件去做，但我们仍然可以把这些有价值的想法进行归纳总结，在实然的基础上提炼一些应然的东西。

具体来说，提炼教育思想包括以下几个环节。

第一是阅读经典，提高理论素养，打开理论视野。研读经典理论著作有两种方式：一种是定向阅读，即针对某一个问题，收集不同思想家和学者的论述，进行集中定向研读；另一种是系统阅读，即按照教育思想的发展脉络，阅读从古到今中外经典教育著作。前者是横向阅读，后者是纵向阅读。阅读可以帮助我们打开理论视野。

理论有什么用？理论就像望远镜，可以让我们看得更远、站得更高，知道前人对于这个问题是怎么看的，让我们对相关问题研究进行理论观照而不是政策观照。理论就像显微镜，可以让我们洞幽烛微，看见实践当中一些有意义的线索。教育实践是破碎、混沌、不清晰的，理论就像探照灯，帮我们看见实践中隐藏的那些有价值的线索。理论就像手术刀，可以帮我们解析问题。所以，研读一些经典的教育理论著作是非常必要的。

第二是躬身实践，并在实践中反思。一些一线教育工作者长期浸润在实践中，陷入繁杂的事务，对教育实践中有价值的东西丧失了敏感性，缺乏洞察力，反应迟钝或麻痹。怎样保持对实践的敏感性？有时候我们要从事务中跳出来，保持价值自觉和价值自主。价值自觉和价值自主是指系统地、有意识地思考日常行为的价值指向，不断自觉反思我们行为背后的价值观，以及这些价值观的科学性和教育性。换句话说，就是要不断自觉地从高处、从远处去审视自己，反观自己，回望自己，检视自己，对自己的管理实践保持足够的价值警醒和敏感。

我们要在实践中反思，没有反思就没有成长，没有反思也不可能提高。有时候我们遇到一个问题，可能要连续追问三到五个为什么才能找到真问题，因为有些问题其实只是现象，而不是问题本身，更不是问题的原因。

第三是提炼，把经验转化成知识。我们要通过阅读、实践、反思，提炼那些有启发性、普遍性、有价值的东西。经验具有情境性特点，在特定的情境中适用，而知识具有普遍性适用的特点。所以，萃取经验，就是要对实践经验去情境化，厘清价值观和方法论，追问是什么、为什么、怎么样。将实践经验去情境化后提炼出来的原则、策略、方法和工具，可能就是有价值的知识。

我读完李希贵校长的《学校如何运转》和《学校制度改进》后，发现这两本著作有一个共同的特点，即均提炼出了理论和实践模型。《学校如何运转》提炼出"组织架构舱位图"模型，《学校制度改进》运用外部行为"坐标四象限"模型。在这些模型中，不仅有价值观和方法论，还有基于实践的大量案例。这样的作品，既有理论的普遍性意义，又充满着实践智慧。

四、教育思想如何表达

教育思想提炼出来以后该怎么表达？这涉及教育著作的撰写问题。

第一，可用碎片化的方式写结构化的作品。作品必须是有结构的，必须有理论、有模型、有实践，但是我们写的时候可以没有结构。也就是说，我们不一定非要从头开始写，也不一定要从理论开始写。我们可以先写小的话题，写自己感兴趣的，写容易写的，甚至写一些具体的案例。如果一开始就从系统的结构入手，可能迟迟下不了笔。

第二，文章是做出来而不是写出来的。你若坐在书桌前苦思冥想却写不出来，一定要回到实践中去。当年我写博士论文的时候十分焦虑，导师石中英老师对我说："论文不是写出来的，是做出来的，你没有做研究，怎么能写出来呢？"李希贵校长出版了很多著作，我也曾问过他是如何做到的，他说："我就是把做的东西写下来。"所以，文章不是写出来的，而是做出来的。如果我们不去认真实践教育，不可能写出好的教育著作。

第三，不妨用讲的方式写作。有的人是读者型，善于读和写，对文字很敏感，他写作的过程就是思考的过程。有的人是听者型，善于讲和听，不善于写，他和人交流的过程就是思考的过程。听者型的人，不妨用讲的方式写作。现在有很多软件，比如科大讯飞的记录软件，可以将我们的语音实时转化成文字，我们对这些文字进行修改就简单得多。

英国经济学家弗里德里希·冯·哈耶克（Friedrich Von Hayek）说过："长远而言，是观念，因而也正是传播新观念的人，主宰着历史发展的进程。"作为一线教育工作者，我们提炼自己的教育观念和教育思想，并且传播给教育同行，是非常有价值的。

后 记

我们正处在一个充满不确定性的时代。有人说，我们所处的时代是 VUCA（VUCA 是 volatile、uncertain、complex、ambiguous 的缩写，这四个英语单词的意思分别是易变的、不确定的、复杂的、模糊的）时代。这个时代的显著特点是事情变化非常快，我们不知道下一步的方向在哪里；一些事会影响另外一些事，但是影响的方式和事物之间的关系不明确。

在这样的时代，只有不确定性是确定的，只有变化是不变的；唯一能确定的是不确定性，唯一不变的是变化本身。

作为教育工作者，我们必须思考：教育从何处出发？教育将去向何方？学校教育如何转向？

在我看来，不管时代如何变化，教育的本质都不会改变，那就是培养人。人工智能的发展让人们担心未来教育的目标和方向是否会发生改变。其实，我们并不需要担心未来机器人是否会变得越来越像人，我们真正需要担心的是人是否会越来越像机器。所以，人工智能的发展让我们更加清晰地认识到，教育必须培养人之为人的那些确定的品格。这是教育永恒的目标。

我们是做教育而不仅是办一所学校。若我们只是想着办一所学校，往往不免为不断变化的世俗力量所裹挟，难免焦虑和急功近利；若我们是真正做教育，我们就可能沉下心来，以不变应万变，用正确的方式做正确的事，着眼长远，顺应变化，聚力于学生未来的成长。

教育是需要长期主义的事业，任何功利性的行为都行将不远。教育必须以长期主义的精神，培养学生适应未来的必备品格、关键能力和价值观念，以确定的品格来应对不确定的时代和未来。

未来已来，学校教育要回归育人的本质，指向人的成长。学校要从管理走向治理，从权力思维走向权利思维，从评价走向诊断，从教学走向学习，从类别化走向个别化，从差距走向差异，从规模化走向有机性，从分流淘汰走向全纳教育……

这本书是我对上述问题的一些思考。"学校的转向"这个书名容易让读者觉得这是一本关于学校管理的书，其实这是一本关于教育的书。虽然书中有若干篇文章谈的是学校管理，但那也是我从教育的视角出发对学校管理进行的思考。

非常感谢我的学生黄景泽同学为本书创作插画，她是青岛市崂山区金家岭学校七年级的学生。她的插画为本书增添了很多意趣。

谨将本书献给在基础教育一线工作的中小学教师。

汪正贵

2023年3月23日于青岛

图书在版编目（CIP）数据

学校的转向 / 汪正贵著 . -- 北京：中国人民大学出版社，2023.6
ISBN 978-7-300-31767-0

Ⅰ.①学… Ⅱ.①汪… Ⅲ.①学校管理—研究 Ⅳ.①G47

中国国家版本馆 CIP 数据核字（2023）第 099675 号

学校的转向
汪正贵 著
Xuexiao de Zhuanxiang

出版发行	中国人民大学出版社	
社　　址	北京中关村大街 31 号	邮政编码　100080
电　　话	010-62511242（总编室）	010-62511770（质管部）
	010-82501766（邮购部）	010-62514148（门市部）
	010-62515195（发行公司）	010-62515275（盗版举报）
网　　址	http://www.crup.com.cn	
经　　销	新华书店	
印　　刷	北京华宇信诺印刷有限公司	
开　　本	720 mm × 1000 mm　1/16	版　次　2023 年 6 月第 1 版
印　　张	14.5　插页 1	印　次　2023 年 6 月第 1 次印刷
字　　数	200 000	定　价　68.00 元

版权所有　侵权必究　印装差错　负责调换